JYGZHJSJB

就业、工资和技术进步

——外来人口对城市劳动力市场的影响

颜品 著

汕头大学出版社

图书在版编目（CIP）数据

就业、工资和技术进步：外来人口对城市劳动力市场的影响 / 颜品著 .—汕头：汕头大学出版社，2018.4

ISBN 978-7-5658-3511-7

Ⅰ . ①就… Ⅱ . ①颜… Ⅲ . ①外来劳动力—影响—城市—劳动力市场—研究—中国 Ⅳ . ① F249.212

中国版本图书馆 CIP 数据核字（2018）第 031450 号

就业、工资和技术进步——外来人口对城市劳动力市场的影响
JIUYE GONGZI HE JISHU JINBU
——WAILAI RENKOU DUI CHENGSHI LAODNGLI SHICHANG DE YINGXIANG

著　　者：	颜　品
责任编辑：	邹　峰
责任技编：	黄东生
封面设计：	汤　丽
出版发行：	汕头大学出版社
	广东省汕头市大学路 243 号汕头大学校园内　邮政编码：515063
电　　话：	0754-82904613
印　　刷：	北京市金星印务有限公司
开　　本：	787mm × 1092mm　1/16
印　　张：	11.75
字　　数：	167 千字
版　　次：	2018 年 4 月第 1 版
印　　次：	2018 年 4 月第 1 次印刷
定　　价：	47.00 元

ISBN 978-7-5658-3511-7

发行 / 广州发行中心　通讯邮购地址 / 广州市越秀区水荫路 56 号 3 栋 9A 室　邮政编码 /510075
电话 /020-37613848　传真 /020-37637050

摘　要

改革开放以来，随着产业结构升级和城市化进程加快，我国劳动力市场分割现象有所弱化。近年来中央及各地方政府出台了大量提高农业劳动力收入的举措，外来劳动力进入城市劳动力市场，一方面为流入地提供了充足且廉价的劳动力资源，弥补当地因经济发展而导致产业工人不足的情况；另一方面，城市外来劳动力在传统体制之外开辟了一条缓解城乡收入差距、促进生产要素流动的新通道。经济社会转型时期，外来人口对城市劳动力市场的影响与过去相比不尽相同。随着九年义务教育的普及和高等教育的发展，城市外来劳动力受教育水平显著提高，不仅影响城市本地低学历劳动力就业与工资收入水平，同时还引致高学历本地人群的就业与收入水平发生变化。外来劳动力同样是城市整体生产力水平、企业技术进步以及产业结构调整的重要影响因素。

借鉴国内外相关研究经验，本书以人口迁移理论、劳动力就业理论、劳动力工资收入理论以及技术进步理论为基础，构建相应数理模型，通过数值模拟以及微观计量方法，对外来劳动力的流动选择、外来劳动力对城市劳动力市场中就业与工资的影响、外来劳动力对城市全要素生产率与技能偏向度的影响程度以及变化趋势进行了深入研究。研究结果表明：

（1）在流动的选择性方面，劳动力的受教育程度、迁入地与迁出地的收入分布、整体就业状况以及劳动生产率都会对劳动力流动产生显著影响。劳动力受教育程度越高，越倾向于迁移到技能溢价较大的地区；就业市场竞争加剧，外来劳动力选择永久性居住在所在地的意愿会降低；全要素生产率对高学历与低学历劳动力的迁移意愿均产生正向的影响，这种影响随受教育程度的增加而上升。

（2）在就业影响方面，总体而言，外来劳动力的进入对本地劳动力就业率造成负面冲击，但影响十分有限。受教育水平持续提高以及就业环境的不断改善的影响，高学历外来劳动力更积极地参与城市就业市场的竞争，相对于受教育程度较低的人群，高学历的本地劳动力面临的就业压力和竞争更大。同时，劳动力同质性使前期流入的外来劳动力成为劳动力供给冲击中受影响最大的群体。从劳动力所属行业来看，入职门槛较低的行业中，外来劳动力对本地劳动力就业几乎没有影响；对于人力资本要求较高，且入职门槛较高的行业中，外来劳动力对本地劳动力就业的影响较大。劳动力的整体教育结构对本地劳动力就业率同样产生负向影响。对于前期流入的低学历外来劳动力，由于与新进入外来低学历劳动力的替代弹性几乎无穷大，即前期低学历劳动力能完全被新进入的外来劳动力所替代，其面临的就业竞争最激烈。

（3）在工资影响方面，通过估计各劳动群组之间的替代弹性，将劳均资本存量纳入到模型中，模拟出劳动力的流入对城市工资的影响。短期来看，劳动力流入对本地劳动力工资的负向影响极为有限；长期来看，外来劳动力可以促进城市本地居民收入增长。对于前期流入的外来劳动力群体而言，由于劳动力的同质性，工资率会出现较大幅度的下降，且经历一个先降后升的变化过程，其中受影响最大的教育组为大学本科组。

（4）在技术进步影响方面，证实了外来劳动力能显著提升所在城市的全要素生产率，外来劳动力对效率的促进作用主要来自非技能偏向型技术进步，也就是说，主要源于低技能劳动力生产效率的提高。通过纳入一系列控制变量，如研发支出、新技术采用、行业构成、对外开放程度，检验了这些效应的稳健性。外来劳动力对生产率的正面影响可以部分归结于外来劳动力和本地劳动力基于群体比较优势，在生产密集型和非生产密集型工作上的有效分工，最终提升了总体的效率。基于第6章的估计结果，再次检验了外来劳动力对工资的影响，得出与上文一致的结论：外来劳动力对受教育程度较低的本地劳动力工资影响接近于零，但可以提升本地受教育程度较高居民的工资。

最后，在城市化战略大背景下，为改善外来人口在城市劳动力市场中的就业环境以及收入水平，推进外来人口真正意义上的城市融合，促进我国社会经济健康持续发展，本书从完善城乡统一的公共就业服务体系、进一步提高外来劳动力人力资本存量、调整过于聚集的城市资源等方面提出政策建议。

目 录

第1章 导 论

1.1 研究背景

经济转轨、产业结构升级、城市化进程加快，推动着我国劳动力要素的重新配置。20 世纪 90 年代至今，市场化程度的深化，大量优势资源聚集在部分地区、部分城市，城乡之间、不同地区之间在经济、基础设施及社会发展方面的差异也随之拉大。地区间发展不平衡带来的是收入水平以及个人发展机会的差距，为缩小这种差距，大量劳动力，尤其是农村劳动力开始了规模浩大的地区间流动。改革开放初期，市场经济体制在我国得以初步确立，劳动力的乡城转移规模呈迅速增长的趋势。1982 年，城市外来人口仅为 657 万，占总人口比例 0.66%。随着改革开放的深入，20 世纪 90 年代初，外来人口规模增加到 2135 万人，占总人口比例 1.89%。截至 2000 年，外来人口规模增至 10229 万人，占总人口比例也提升至 5.86%。尽管经历了 2008 年全球性金融危机，但随着四万亿经济刺激计划的出台以及中国城镇化进程的加速推进，2010 年全国外来人口规模达到 2.21 亿，占全国总人口比例上升到 16.16%，2013 年上升到 18.01%。

外来劳动力进入城市劳动力市场，对我国经济和社会的快速发展有着深远的意义：一方面为流入地提供了充足且廉价的劳动力资源，弥补了当地因经济发展而导致产业工人不足的情况。有研究表明，改革开放至 20

世纪末，劳动力从农业部门向非农业部门的转移，对经济增长贡献率达到16%～21%，而在进城务工劳动力最密集的珠三角地区，外来劳动力对当地 GDP 的贡献率达到 25% 以上（蔡昉，2001）；另一方面，城市外来劳动力在传统体制之外开辟了一条缩小城乡收入差距、促进生产要素流动的新通道。

大量文献对劳动力市场分割、外来人口在城市劳动力市场中遭遇不公平待遇现象进行了研究，但忽略了其与城市本地居民的就业、收入等因素的内在联系。应该看到，外来劳动力为经济发展做出巨大贡献的同时，城市劳动力市场的就业率、工资水平、职业和行业构成也随之发生重大变革。1995 年至 2003 年，城市外来劳动力占城市总劳动力比重上升，与此相伴的是国有企业下岗职工激增，中国城市失业率从 6.1% 上升到 11.1%；同时大范围的"用工荒"迫使企业提高外来务工人员的工资，外来劳动力与城市本地劳动力工资水平差异不断缩小，城市整体工资水平上升的过程。根据中国家庭收入调查数据显示，2007 年城市外来劳动力的人均月收入为 1507 元，同期城市本地劳动力的人均月收入为 2267 元，两者相差幅度达到 50.43%。2012 年，监测数据显示，上海等 8 个城市外来劳动力人均月收入为 3427 元，城市本地劳动力人均月收入为 3221 元，外来劳动力收入增长快于城市本地劳动力。目前，无论是地方政府，还是城市本地居民，对外来劳动力进城就业普遍持排斥态度，缺乏深入的认识，虽已认识到外来务工人员对经济发展的重要性，但仍存在外来劳动力的合法权益缺失、同工不同酬、"经济上吸纳，社会上排斥"、在社会阶层中向上流动的制度障碍等现象，外来劳动力在职位搜寻过程中面临的户籍门槛、职业分化现象依然严重。

外来劳动力会直接改变城市劳动力技能水平和年龄结构，进而影响技术进步。改革开放初期，随着大量外商企业的出现，低技能劳动力的相对生产率大大提高，从而刺激了企业大量招收农民工人。短期来看，由于技能偏向型技术进步的存在，高技能劳动力与低技能劳动力收入差距会拉大；在长期来看，由于高技能劳动力的不足会导致中国产业结构向高端升级非常困难。2002 年，我国受过大学及以上教育的外来劳动力占总外来劳动力人数的 1.85%，2012 年上升到 9.53%。外来劳动力通过技能偏向型技术进步的影响，使得城市劳动力市场对高技能劳动力的需求增加，导致高技能劳动力相对工资上升。因此，从技术进步和技能偏向角度讨论外来人口对城市劳动力市场的影响，明晰两者之间的关系，具有重要的理论和现实意义。

1.2 问题提出

当前经济政策两大主题，一是经济发展红利普惠制，惠及民众；二是加速城市化进程，缓和城乡二元化结构。城镇化是人口的城市化，在我国主要是农业人口城镇化。农村人口所在的地区城镇化进程迟缓，使就地进城就业成为泡影，中国城乡二元化结构所产生的巨大差距，在大城市和小城镇之间也非常突出，小城镇基础设施和吸纳就业能力等方面存在严重的残缺。在这个工业化进程远远快于城市化进程的过程中，大量外来劳动力的进入，是否会影响城市本地居民收入及生活水平，进而影响整个城市的经济社会发展，首先要厘清的问题就是外来人口对城市就业、工资乃至劳动生产率有何影响？如果外来人口与城市融入的过程，与整体的利益相悖离，城市化目标的设定则缺乏合理性，且会引发多方面矛盾；如果这个过程既能满足城市当地居民的发展需要（经济学中一个最基本的假设就是理性人，只有每个人从理性的角度出发，才能引申出市场化的定义，要发挥市场作用，须尊重利益的导向作用），又能实现城市化的伟大目标则皆大欢喜。目前我国产业结构升级缓慢，聚集了大量低技术工人，有研究指出，正是因为有充足廉价的外来务工人员，让企业产生了技术创新的惰性，延缓了企业采用技术密集型工艺的速度。本书的研究目的是运用时效性比较强的调查数据，分析外来劳动力对城市劳动力市场的影响，观察两者之间的内在联系，为城市化目标提供支持。

在市场力量、政府行为和经济增长等多种因素的共同作用下，城乡二元分割的劳动力市场发生了显著变化。农村劳动力开始进入城镇单位就业，城乡劳动力市场一体化程度大幅提高，劳动力的流动性不断增强。近年来，随着城镇化进程的加快、经济的快速发展，城镇劳动力的需求总量迅速增加，但城镇劳动力的供给已经满足不了自身的需求，此时，农村劳动力的进入无疑是对城镇就业需求的有益补充，成为经济持续增长的必要条件。但与此同时，城镇劳动力市场开始出现大量下岗失业者，外来劳动力对城市劳动力市场的就业率、工资水平、整体生产率产生冲击的事实，给我们提出以下问题：外来劳动力与本地劳动力之间是替代关系还是互补关系？在多大程度上存在替代关系，其替代弹性能否量化？如何评价外来劳动力进入对城市劳动力收入水平的影响，在不同时期是否影响不同？大量低技能劳动力的涌入，将会对城市整体生产率造成什么影响？这些成为整合城乡劳动力市场，促进经济持续增长的必要条件。

到目前为止，对外来人口与城市劳动力市场的研究，多从城乡二元结构及劳动力市场分割角度，分析某一个时间节点外来劳动力与城市本地劳动力在就业、工资和社会福利等方面的差异，而对两者之间的内在联系未能给予足够关注。

第一，改革开放30多年，随着国内外经济环境的变化，除年龄、性别、婚姻状况、受教育水平等个体特征之外，外来人口的流动动机还受哪些因素的影响？它们对不同迁移群体，如受教育程度不同的劳动力影响程度是否一致？选择特定流入地的劳动力具有哪些共同特征？地区间的收入差异、整体生产率能否对个体的迁移决策产生影响？实际收入水平、生产率水平的趋同是否是大量劳动力回流的原因？新形势下，西方传统的迁移选择理论在中国是否还适用？

第二，城市劳动力市场开放度上升的同时，城乡劳动力就业市场的融合度也在不断增加，两个群体的就业竞争程度是在加强还是有所缓和？外来劳动力对城市劳动力市场产生的就业冲击有多大？是促进城市就业还是存在负向影响？对不同劳动力群体，如不同受教育水平、不同职业和行业的影响程度是否不同？哪一部分劳动力受到的冲击最大？与城市本地劳动力相比，前期流入的外来劳动力受到的影响是否更大？

第三，由于收入数据的缺乏，国内在外来劳动力对城市居民工资的影响方面的研究成果较少，而运用跨期数据的研究成果基本上还是空白。使用横截面数据进行实证分析的缺陷在于时间维度的缺失，不能反映劳动力流入对城市劳动力工资影响的趋势，且不能反映特定时间节点，如国企改革、全球金融危机对城市工资水平造成的影响。既然不同群组劳动力之间存在不同的替代弹性，能否根据替代关系的差异估计出外来劳动力对城市工资水平的影响？将劳均资本存量考虑到模型中是否会得到不一样的结果？

第四，地区间收入差异整体来看与地区的产业结构是息息相关的，劳动力从边际报酬以及劳动生产率较低的地区流向较高的地区，从整体技术水平较低的地区流向较高的地区，是否会影响企业对于技术进步的追求以及新技术设备的采用，继而影响该地整体产业结构升级以及工资增长潜力？

第五，现有文献大多以城乡分割为分析框架的背景，采用"两群体检验"展开理论与实证研究，将城市外来务工人员等同于相对弱势的农民工群体，忽略了外来人口中非农业人口的独特性，非农业外来人口在整体受教育水平、行业分布上既有别于农民工，又与本地市民存在差异性。至今，鲜有文献对三群体之间在就业岗位获得与工资收入之间的相互影响进行研究。

第六，20世纪90年代以来，中央与地方政府在放松流动人口控制、促进外来人口社会融合、推进农业人口城镇化方面做出了巨大努力，并出台了一系列改善外来人口就业环境、劳动契约、福利保障等方面的法律法规。这些措施运行状况怎么样，是否达到了预期的效果？在当今发展大背景下，其变化趋势如何？这些问题都值得我们去探讨。

本书的目的在于回答上述问题，其既有理论意义又有现实意义。在实证方面，本书利用迁移理论、劳动力市场歧视理论和劳动力市场分割理论分析了处在转型时期的外来人口的迁移行为以及外来市民所遭受的歧视，拓展了这三个理论的适用范围。从政策含义的角度来看，本书为各项政策的制定提供了实证依据。对于建立统一、开放、竞争、有序的劳动力市场，健全社会主义市场经济体系，关注社会弱势群体，保障外来劳动力的合法权益，有针对性地制定公平的收入分配政策，进而实现社会主义和谐社会具有重要的现实意义。

1.3 研究思路和方法

运用西方人口迁移理论，深入研究外来劳动力对城市劳动力市场影响，并详细分析了当前经济社会转型过程中，就业、工资以及劳动生产率在劳动力要素供给冲击下的变化趋势及其原因。

首先，梳理和总结劳动力市场的相关理论；其次，分析和对比国内外学者关于人口迁移对本土劳动力市场影响方面所取得的研究成果以及分析过程中所采用的研究方法，指出已有文献对本书的借鉴意义以及启示；再次，运用Card（2001）、Borjas（2007）及Ottaviano（2006）提出的理论分析框架和实证模型，对中国外来人口的现状和迁移选择性，以及其对迁入城市劳动力市场的影响进行深入、系统的分析。

基本步骤如下：第一，在理论分析的基础上构建出合理的实证模型；第二，根据微观调查数据构建群组，并计算各群组中相关变量的平均值；第三，由实证估计出相关参数，并进行数值模拟。在实证分析过程中，根据中国家庭收入调查数据（CHIP）和中国流动人口动态监测调查数据，利用Order Probit模型、两阶段最小二乘法（2SLS）、参数估计、数值模拟等多项数理计量方法，从不同角度对城市劳动力市场中外来人口影响进行深入分析；第四，结合我国经济社会大背景，提出有针对性的政策建议，以更好吸纳、融合外来人口。本书总体的研究思路如图1-1所示。

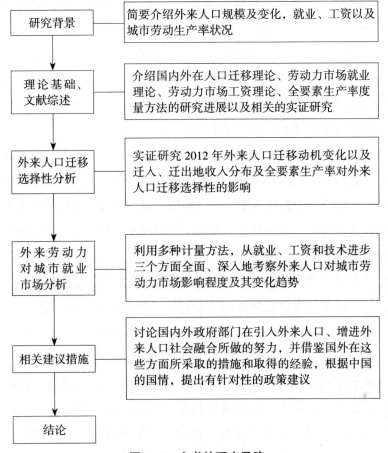

图 1-1 本书的研究思路

1.4 数据介绍及相关概念界定

1.4.1 数据来源

本书所采用的数据主要包括：

（1）中国流动人口动态监测数据

中国流动人口动态监测数据是国家卫生与计生委所做的调查数据，该调查运用多层次随机原则，在全国 31 个省和新疆生产建设兵团城市地区为基本抽样框。每个省抽样样本量介于 4000 至 12000 之间，具有比较好的代表性。2013 年调查总样本量为 19 万个家庭，涉及流动人口约 45 万，其中来自村委会的样本为 60609 户，来自居委会样本为 138186 户，每个家庭最大抽样人口数不超过 10 人。流动人口动态监测调查的抽样总体为 16—59 岁劳动年龄的流动人口。调查问卷分为个人问卷和社区问卷两大类，个人问卷包括家庭基本情况、就业居住和医保、婚育情况、生活与感受四个部分；社区问卷包括人口基本状况、社区服务与管理。本书所用数据主要来自该数据库个人问卷部分。这套数据不仅包含了全国各地十几万流动人口的个体特征、受教育程度、户口性质、流动范围，还包括收入水平、所从事职业及行业、工作时间、消费支出等详细信息，为本书的研究提供了良好的数据支撑。

流动人口监测数据的主要优点在于调查样本量大且覆盖范围广，迄今为止，中国流动人口监测数据已经进行了四次调查，分别是 2010 年、2011 年、2012 年和 2013 年，被调查家庭数分别为 12.3 万、12.8 万、15.9 万和 19.6 万，覆盖 19 个城市群 439 个市（区、自治州、兵团）。大样本量使本书所用到的群组分析方法更具说服力。但是同时，该调查数据存在一定不足：第一，时间跨度较短（2010—2013 年），难以解释长期中流动人口对城市劳动力市场中就业、工资及技术配置影响的变化趋势。第二，2013 年以前的调查中并不包括城市本地居民样本，对本书研究内容来说，能使用的数据主要为 2013 年监测数据中关于社会融合的部分，造成实证过程中时间维度的缺失。

（2）中国家庭收入项目调查数据（CHIPS）

CHIPS 数据是中国社会科学院经济研究所收入分配课题组（李实、赵人伟主持）于 1988 年、1995 年、1999 年、2002 年以及 2007 年、2008 年进行的全国范围的农村和城市居民家庭收入分配调查得到。数据由三个部分组成：城镇住户调查、农村住户调查和流动人口调查。城市问卷包括社会经济特征、职业收入、家庭额外收入、家庭居住条件、家庭支出等五个方面。农村问卷包括家庭及成员基本情况、工资收入状况、家庭支出等内容。

CHIPS 在 2002 年、2008 年的调查中增加了对流动人口的调查，2009 年在 2008 年抽样家庭的基础上进行跟踪调查，并增加了 1800 多个家庭样本。

CHIPS 调查问卷所涉及的内容包括个人社会经济特征、个人全年现期收入、家庭收入情况、消费支出情况等，被称为中国收入分配与劳动力市场研究领域中最具权威性的基础性数据资料，弥补了流动人口动态监测数据在时间维度上的不足。

1.4.2 相关概念界定

（1）外来人口与人口迁移

根据人口普查资料，对外来人口或流动人口的定义是居住地与户口登记地所在的乡镇街道不一致且离开户口登记地半年及以上的人口，通常称为常住流动人口。显然，这个定义的人口流动范围过于狭窄，会低估外来人口的规模，在一定程度上造成估计结果的偏差。本书所使用的外来人口泛指户口登记地不在本区（县、市）的流动人口。另据我国人口学分类，按是否涉及户籍地变更将人口所在地的变换分为人口迁移与人口流动，本书所用的迁移泛指流动。

（2）外来劳动力和城市本地劳动力

根据全国流动人口动态监测数据，外来劳动力指在流入地居住一个月以上，非本区（县、市）户口的 15—59 周岁的流动人口。相对应的，城市本地劳动力为户口在本区（县、市）15—59 周岁的户籍人口。

（3）抽样城市界定

本书所要识别的是外来劳动力对城市本地劳动力市场的影响，因此有必要界定抽样城市范围。CHIP 中涉及迁移人口调查的城市主要分布在华北、华东、华南以及西南地区。2002 年抽样城市为 26 个，2007 年、2008 年调查中涉及迁移人口调查的抽样城市有 15 个，且 2008 年的部分数据是对 2007 年抽样家庭进行跟踪调查完成；2013 年流动人口监测数据抽样城市为 8 个，其中东部 4 个，中部 2 个，西部 2 个，具有比较好的地区代表性及覆盖性。

（4）潜在工作经历

在影响劳动者个体在就业、工资、劳动生产率的因素中，除了受教育水平，劳动者的工作经历也是一个重要的考量标准。本书定义工作经历为潜在工作经历，初中及以下学历的潜在工作经验从 17 岁开始，高中学历的潜在工作经验从 19 岁开始，大专学历潜在工作经历从 22 岁开始，本科学历潜在工作经验从 24 岁开始，然后将工作经历按 5 年期分为 8 个组。

（5）收入与劳动时间

2002 年 CHIP 中将月收入分为从工作单位获取的收入以及其他收入，本书将其进行合并处理。在历年调查样本中，存在一些收入极端观测值，如月收入高于 90000 元以及月收入低于 0 元，在计算不同劳动组的平均收入时，将其舍弃。

（6）城市—教育—经历分组变量

在估计外来劳动力对城市本地劳动力就业影响时，将劳动力按所在区（县）、受教育水平、潜在工作经历分为不同劳动组。对每个城市—教育—经历组计算相应的组群特征（年龄、婚姻状况）、就业状态（平均劳动时间以及就业率）以及外来劳动力比率。

（7）技术进步及技能偏向型技术进步

根据技术与技能之间的关系，可以将技术进步分为技能偏向型和非技能偏向型两种类型。当新技术的出现对劳动者提出更高的技能要求，或者劳动者需要付出额外的学习成本来适应新技术时，则为技能偏向型技术进步，反之，则为非技能偏向型技术进步。技能偏向型的技术进步，反映了高技能劳动力对低技能劳动力的不断替代和技术与技能间的不断互补。从劳动力需求来看，技能偏向型技术进步对高技能劳动力的相对需求会有所增加，从而导致高技能劳动力与低技能劳动力的相对工资（技能溢价）上升。

1.5 研究主要贡献与局限

1.5.1 研究主要贡献

本书的主要贡献如下：

第一，本书以人口迁移选择理论为基础，从微观主体迁移决策的角度来考察劳动力流动的动因和特点。结果表明，在劳动力的个体特征之外，流入地与流出地的收入分布、就业密度以及劳动生产率均会影响迁移决策。

第二，结合城乡分割、职业壁垒等城市劳动力就业市场环境，分析外来劳动力对城市本地劳动力以及早期流入劳动力就业率的影响。研究发现，外来劳动力对城市本地低学历劳动力就业率影响不大，对高学历本地劳动力就业产生一定挤出效应；此外，早期流入的外来劳动力群体受到的就业冲击最大。

第三，基于城市劳动力分化为具有不同特征群体的事实，得到不同劳动力群体之间的替代弹性系数，在考量人均资本量调整的前提下，运用数值模拟估计出外来劳动力对城市本地劳动力以及前期迁入外来劳动力工资率的影响程度及趋势。分析结果表明，外来劳动力的流入，对低学历城市劳动力影响较小，对高学历劳动力群体影响较大；对城市工资率的影响经历一个先降后升的过程，从短期来看，外来劳动力会降低城市平均工资水平，从长期来看，对平均工资水平有促进作用。

第四，关注外来劳动力对全要素生产率以及技能偏向度的影响，并将实物资本存量调整引入到模型中，认为外来劳动力对技术进步有正向促进作用，同时通过非技能偏向型技术的引入提高劳均产出。

1.5.2 研究局限

本书局限之处在于，在实证分析中，没有对选择性偏误问题进行处理，在一定程度上影响了歧视程度测算结果的准确性；变量缺失问题，同以往研究一样，由于一些影响就业、工资和技术进步的不可观测的因素难以量化，且没有合适的替代变量，缺失这些变量可能会导致方程的错误设定以及测算结果的准确性；时间维度数据难以获取，且多种调查统计口径不一，难以从变量的变化趋势说明问题，估计结果也可能产生一定的偏差。

1.6　结构框架

本书共分为7章，具体的章节安排如下：

第1章导论。主要介绍研究背景、问题提出、研究思路与研究意义，以及本书所使用的主要数据、相关概念的定义，以及研究的结构框架。

第2章理论与文献综述。对国内外迁移理论，对迁入地就业、工资及劳动生产率影响的度量方法等方面的研究现状以及经验研究进行梳理和总结，为后文的分析和研究奠定必要的理论基础。

第3章外来劳动力迁移因素分析。根据2012年的全国流动人口监测数据，利用有序Probit模型来分析各城市实际就业、收入分布、技术差异等因素对外来劳动力迁移意愿的影响。

第4章外来劳动力对城市就业的影响。运用Card（2001）的理论框架，根据2013年全国流动人口监测数据中关于社会融合的问卷调查资料，引入有效的工具变量，将外来劳动力与本地劳动力按城市、受教育水平、潜在工作经历分为不同的群组，考察不同受教育水平、不同行业中的外来劳动力对城市本地劳动力就业率的影响，同时估计了当期迁入的外来劳动力对前期迁入的外来劳动力就业率的影响。

第5章外来劳动力对城市工资的影响。在Borjas（2007）以及Ottaviano（2006）的分析框架上，使用中国家庭收入调查（CHIP）2002年、2007年及2008年的调查数据以及2013年流动人口监测数据，估计出不同劳动力群组的替代弹性参数，同时考虑到劳均资本存量的调整，运用模拟仿真的方法计算出外来劳动力对不同受教育水平、不同时期的城市劳动力工资的影响。

第6章外来劳动力对城市生产率的影响。使用微观调查数据以及部分宏观数据，引入空间位置等工具变量，分析劳动力迁移对城市就业、平均工作时间、实物资本积累、全要素生产率（TFP）以及技能差异的影响，并运用多种方法检验模型的稳健性。

第 7 章结论与建议。在实证分析的主要结论基础上，系统分析深层次原因。同时，提出有针对性的政策建议以促进外来劳动力顺利融入城市，最大限度地挖掘开发城市劳动力市场中整体人力资本，以促进我国经济社会的健康持续序发展。

第2章 理论及文献综述

本章主要对劳动力市场理论、就业工资差异的度量方法、全要素生产率理论的国内外相关文献进行梳理和评述，以期为分析外来劳动力对城市劳动力市场中的就业率、工资率以及劳动生产率的影响程度以及变化趋势提供一些借鉴。

2.1 基础理论评述

从理论上来说，人口迁移对迁入地居民工资的影响取决于模型的应用。模型中最重要的因素取决于迁入地的经济开放程度以及移民与当地居民的可替代性。

2.1.1 迁移对就业影响的早期思想

在封闭的经济模型里，人口的迁入对当地要素价格的影响主要可以分为以下三类：如果迁入人口的劳动技能与当地劳动力的劳动技能为完全替代关系，那么外来人口的迁入会降低当地劳动力的要素价格，即整体工资水平会下降；如果迁入人口的劳动技能与当地劳动力的劳动技能为非完全替代关系，那么整体工资水平的变化或上升或下降，趋势不明朗；如果迁入人口的劳动技能与当地劳动力的劳动技能呈完全互补关系，那么迁入地整体工资水平将会上升。以古典经济体为例，生产只使用资本、熟练劳动力以及非熟练劳动力三种生产要素，显然，前两种生产要素为互补关系，而非熟练劳动力则与资本及熟练劳动力互为替代关系。假设迁入劳动力为非熟练劳动力，而迁入地资本与熟练劳动力的工资水平不确定，则非熟练劳动力工资水平将下降。非熟练劳动力工资水平的下降将会引致雇主更多地使用非熟练劳动力，缩减资本及熟练劳动力使用量。然而，因为更多地使用非熟练劳动力，意味着总产出上升，从而所有生产要素的使用水平均会随着生产规模的扩大而上升。如果迁入劳动力为熟练劳动力，那么熟练劳动力的工资水平将会减低，而非熟练劳动力的工资则因为替代效应和规模效应变得不确定。伴随着熟练劳动力的增加，熟练劳动力的工资将会下降，而从资本与熟练劳动力的互补关系可得知，资本的需求会上升，资本收益率也将上升。由此可以看出，迁移人口的大量流入不仅会改变迁入地劳动力供给的绝对数量，还会使劳动力市场变得更有弹性。

（1）自由贸易模型

与大多数就业模型不同，赫克歇尔–俄林模型指出，如果地区间的技术水平相同，那么地区间的贸易活动将由要素禀赋所决定；如果地区间的要素禀赋差距不是太大，那么要素价格会趋于一致。在这种情况下，人口的迁入将会造成劳动密集型产业增加，而要素价格保持不变。

值得注意的是，如果要素价格达到均衡水平，那么地区间的人口迁移活动将不会再发生。人们通常从经济发展程度较低的地区迁往经济发展程度较高的地区，赫克歇尔–俄林模型对这种现象的解释是，较富裕的地区为增加税收，会鼓励生产商扩大生产规模，生产商则通过增加非熟练劳动力的使用量达到此目的，从而致使较富裕地区非熟练劳动力的工资水平高于整体均衡水平。如果劳动力能流动，则会有大量外来劳动力流入该地区，直到该地区的非熟练劳动力工资水平回到整体均衡水平。换个角度，如果人口流动被管制，而资本却可以在地区间流动，则要素价格同样会回到均衡水平。

自由贸易模型中，要素禀赋不同的地区间，要素价格也不一定会达到均衡水平，相反，各地区间将会形成专业化生产，而不是各自生产所有商品。

所以，拥有大量劳动力禀赋的地区相对于拥有大量资本禀赋的地区，将聚集更多劳动密集型产业。而地区间产业布局的差异将会引致要素价格的差异，要素价格的差异则会产生人口的地区间流动。而劳动力迁移对工资的影响则取决于流入劳动力的数量：如果流入的劳动力足够多，则会促使该地区劳动密集型产业的密集度大幅度增加，最终造成产品供过于求，边际收益下降，劳动力工资将会下降（同时使资本的收益率上升），劳动力迁移（或资本流动）会逐渐消除地区间的工资差异。如果流入的劳动力数量较少，产量的提高能被市场所消化，则不会引起工资变化，因为该地区劳动密集型产业产量的增加可以通过贸易输出到其他地区，实现要素的均衡价格。[①]

在迁入地，当地居民工资水平的任何变化都伴随着当地居民就业与工作时间的变化。如前文所述，如果流入大量非熟练劳动力，尽管生产规模的扩大会增加非熟练劳动力的使用水平，但非熟练劳动力工资水平的下降将会造成本地劳动力离开劳动力市场或减少工作时间，从而使当地居民的就业率（或劳动参与率）下降。相反，迁移如果能引起工资水平的上升，则当地就业率也会上升。

这些模型没有直接判断失业率上升的原因是人口迁入，但预言了要素在要素密集度不同的生产部门会发生流动，从这个意义上来说，工作匹配与资本流动并不是偶然的，即使是本地居民也会发生短期性失业，当然，工作搜寻问题在初来乍到的外来人群中会更加突出。在封闭的经济模型中，工资以及失业率的调整则是由制度安排严格控制的。在这种情形下，调整迁入人口的数量则是通过控制失业率而不是降低工资来实现的。

（2）均衡失业模型

夏皮洛和斯蒂格利茨（1984）的效率工资模型中认为，均衡的失业率是存在的。在效率工资模型中，企业的目的在于提高劳动生产率，然而企业又无法获取工人的努力程度方面的完全信息，从而需要建立一套能防止

---

① 如果地区间技术水平不同（Markusen，1983），要素将会流向能获取收益最大化的地区。

工人消怠的激励机制。此时，均衡的失业率被看作是惩罚工人的机制。一旦被发现怠工，工人就会被企业开除。只要工资足够高，那么失业的担忧会刺激工人努力工作。在达到均衡的时候，工资与失业率负相关。

效率工资模型中，移民的流入会增加劳动力的规模，而企业则有降低工资雇佣更多工人的动机。然而，更低的工资意味着工人努力工作的刺激不足，从而通常伴随着失业率的上升。失业率的上升如何在本地居民以及新迁入人群间分布，将在下文通过实证研究进行分析。

2.2　外来人口对本地劳动力市场的度量方法

2.2.1　工资差异的度量方法

具有相同人力资本的个体所得到的工资收入往往存在较大差异。Becker（1957）将不同劳动组之间的工资差异量化为两个劳动群组之间存在隔离与不存在隔离的相对工资率差额，可表示为

$$D = W_h / W_l - (W_h / W_l)^0 \qquad (2-1)$$

式中，D 为隔离指数，h 与 l 分别表示工资收入高、低的劳动群体。（W_h / W_l）^{0} 表示初始状态不存在隔离情况下，高、低收入群体相对工资，等于两者边际生产率之比 MP_h / MP_l。

Oaxaca（1973）将 Becker 的隔离系数通过百分比形式表示为

$$D = \frac{W_h / W_l - W_h^0 / W_l^0}{W_h^0 / W_l^0} \qquad (2-2)$$

并假设高收入人群的对数工资为 $\ln (\overline{W}_h) = \overline{X}_h \hat{\beta}_h$，$\ln (\overline{W}_l) = \overline{X}_l \hat{\beta}_l$ 为低收入人群的对数工资，$\overline{X}$ 为影响工资收入的各种因素，β 为估计系数。从而可知不同收入水平的对数工资比为

$$\ln (\overline{W}_h / \overline{W}_l) = \ln (\overline{W}_h) - \ln (\overline{W}_h) = (\hat{\beta}_h - \beta^*) \overline{X}_h + (\beta^* - \hat{\beta}_l) \overline{X}_l + \beta^* (\overline{X}_h - \overline{X}_l)$$

$$(2-3)$$

式中，$\beta^* = \Omega \hat{\beta}_h + (I - \Omega) \hat{\beta}_l$，为不存在差异时的工资结构，$I$ 为单位矩阵，

Ω 为权重矩阵。对于权重矩阵 Ω 的选择是群体间工资差异分解的关键所在。

Oaxaca（1973）与 Blinder（1973）将群体工资差异分解成两部分：一是个体环境因素，由个体特征与工作环境的差异所导致；二是隔离因素，由性别等因素导致的工资差异。

Brown（1980）在 Oaxaca 的基础上将职业因素考虑进来，认为行业进入壁垒同样会影响劳动力的工资水平。因此，Brown 提出了工资差异的全因素分解法：

$$\ln(\overline{W}_h) - \ln(\overline{W}_h) = \sum (p_h\ln\overline{W}_h - p_l\ln\overline{W}_l)$$
$$= \sum \left[p_h(\alpha_h + \overline{X}_h\hat{\beta}_h) - p_l(\alpha_l + \overline{X}_l\hat{\beta}_l) \right]$$
$$= \underset{A}{\sum p_l(\alpha_h - \alpha_l)} + \underset{B}{\sum p\overline{X}_l(\hat{\beta}_l - \hat{\beta}_h)} + \underset{C}{\sum p_l(\overline{X}_h - \overline{X}_l)\hat{\beta}_h}$$
$$= \underset{D}{\sum \ln\overline{W}_h(p_h - \hat{p}_l)} + \underset{E}{\sum \ln\overline{W}_h(\hat{p}_l - p_l)} \qquad (2\text{-}4)$$

式中，p_h 与 p_l 为高收入群体和低收入群体在各自职业类型中所占比重，$\hat{p}_l$ 为劣势群体在各类职业中所预期的比重。按照 Brown 的方法，不同群体之间的工资差异可以分解为同一职业内部所导致的工资差异（$A+B$），同一职业内部因个体差异而引起的工资差异（C），预期职业分布差异引致的工资差异（D）以及不同职业之间的工资差异（E）。

近年来，众多学者在上述基础上进一步完善了工资差异的度量方法。Choudhury（1993）提出在样本选择偏差、变量缺失以及内生性的情况下度量工资差异的方法，Kim 等（1994）应用面板数据估计方法度量工资差异，Neal 等（1996）将工资差异分解成市场前与市场后。对于度量不同分布区间工资差异，近年来国外学者（Koenker, & Bassett, 1978；Buchinsky, 1994；Abadie, 1997；Gardeazabal, & Ugidos, 2005；Machado, & Mata, 2005）提出用分位数分解方法解释工资差异。

2.2.2 生产率的度量方法

总的来看，全要素生产率的估算方法大致可以分为两类：增长会计法与经济计量法。增长会计法主要有索洛余值法、代数指数法；经济计量法主要有隐性变量法（LV）和潜在产出法（PO）。早期的生产率主要是指劳动力单要素的生产率，Davis（1954）认为生产率的测度应该将除资本、劳动以外的所有要素都考虑进来。本书在 Denison（1962），Jorgenson（1967）对全要素生产率研究的基础上，分析索洛余值法、指数法、非参数 Malmquist 指数法及随机前沿等方法。

（1）索洛余值法

索洛余值法是将产出增长分解为资本、劳动以及技术进步的结果，此处的技术进步即全要素生产率。

$$\frac{\dot{A}}{A} = \frac{\dot{Y}}{Y} - \alpha \frac{\dot{K}}{K} - (1-\alpha) \frac{\dot{L}}{L} \qquad (2-5)$$

式中，α 为资本份额，$1-\alpha$ 为劳动份额，全要素生产率为产出增长率与资本增长率及劳动力增长率之差。由于计算方便及资本、劳动力数据的相对容易得到，该方法在已有的文献中得到广泛应用。但索洛余值法也存在明显缺陷：第一，生产函数对索洛余值的影响非常大，生产函数的设定决定了全要素生产率的偏差，对假设约束性较强，也较为粗糙；第二，对技术效率的估计可能是无效的；第三，相对于 Malmquist 指数等方法，索洛余值并未提供技术进步与技术效率的分解，从而不能细化增长率的来源。

（2）代数指数法

代数指数法最早由 Abramvitz（1956）提出，指数法的测算方法类似价格指数，基本思想是用产出数量指数与所有投入要素加权指数的比例。全要素生产率的代数指数公式为

$$TFP_t = P_0 Q_t [r_0 K_t + w_0 L_t] \qquad (2-6)$$

式中，r_0 为基期利率，w_0 为基期工资，P_0 为基期价格。参数 TFP_t 即全要素生产率。有学者在代数指数基础上，又衍生出多种全要素生产率代数指数，尽管形式不同，但其基本思想是一致的。

虽然代数指数法可以较直观地表达全要素生产率的内在涵义，也没有直接设定生产函数，但同样存在缺陷，主要体现在其假设脱离现实。代数

指数法假设资本和劳动力之间具有完全可替代性，而且边际生产率是不变的，这显然不合理。因此这种方法更多为一种分析框架，并不太适用于实证分析（Caves，Christensen，& Diewart，1982）。

（3）隐性变量法（LV）

隐性变量法利用极大似然估计，借助状态空间模型，将全要素生产率视作一个隐性变量，利用资本存量、投入劳动力以及产出数据给出估计。在估算过程中，需要进行包括平稳性检验和协整检验等模型设定检验，以避免出现伪回归现象。

（4）Malmquist 指数法

Malmquist 指数法最初由 Malmquist（1953）提出，RolfFare（1994）等人将这一理论与非参数线性规划以及数据包络分析法（DEA）相结合并得到广泛应用。DEA–Malmquist 指数法基于投入—产出视角构建生产前沿面，运用谢泼尔距离函数，然后求解线性规划方程组，进而得到全要素生产率指数以及其技术分解。Malmquist 指数法计算方法简易，不需要设定生产函数，逐渐成为学界测算生产率的主要方法。其计算软件包 DEAP2.1 的开发，也为该方法的广泛使用起到重要作用。

（5）随机生产前沿法

随机生产前沿法是 Aigner、Lovell 和 Schimidt（1977）以及 Meeusen 和 Broeck（1977）提出的。该方法的主要贡献是设定生产前沿函数，通过计量模型将前沿函数的参数估计出来，同时将不在生产可能性边际的因素归结为生产无效率项，生产无效率项通常被认为受随机因素和技术上的非效率等因素的影响。一般使用 Frontier 4.1，Stata 等软件进行估算。

2.2.3 资本存量的度量方法

资本存量的估计在经济统计分析中是一个难点，同时在宏观经济研究中却是一个非常有用的变量，本书在分析劳均产出、劳动工资等问题时都需要将资本存量纳入到模型中。关于资本存量的估算，国内外已有大量的研究文献。

（1）永续盘存法（PIM）

Goldsmith（1951）提出的永续盘存法（PIM），它的本质是把不同时期的投资流量按照资本服务的效率整合成具有同质性和替代性的资本存量。Jorgenson（1989）将资本品的相对效率 d（τ）作为不同时期资本品的权数，每一期期末的资本存量 $K(t)$ 可以表示为

$$K(t) = \sum_{t=1}^{\infty} d(\tau) | (t-\tau) \qquad (2-7)$$

（2）拓展 PIM 方法

在 Goldsmith 之后，Jorgenson（1967）等根据最优资本积累假设推导出投资行为模型，并提出资本租赁价格与度量方法，由此建立资本投入数量—价格对偶的统一分析框架，从而形成了建立在资本存量和资本租赁价格基础上的资本投入度量方法，即拓展 PIM 方法。其中，资本投入由数量指数（资本存量）和价格指数（资本租赁价格）构成。资本存量由 PLA 估算得出，资本租赁价格为

$$P_k(t) = P_i(t-1) r(t) + \delta P_i(t) - [P_i(t) - P_i(t-1)] \qquad (2-8)$$

式中，$P_k(t)$ 是资本租赁价格，$P_i(t)$ 是资本品的获得价格，$r(t)$ 是资本报酬率。在财产报酬 $P_k(t) K(t-1)$ 和折旧率 δ 已知时，可获得资本报酬率，代入式（2-8）就能得到资本租赁价格。

（3）商业会计信息法

Raknerud 等（2007）提出一种通过结合商业会计信息和投资数据来估算企业层面资本存量的新的测算方法。这种方法与 PIM 相比有两个优点：第一，不需要很长的投资序列；第二，因为企业的进入和退出，部门资本存量的估算可以自动调整资本存量的变动。类似的做法有 Broersma 等（2003）在直线折旧的假定下，结合账户数据的折旧信息和关于投资的调查信息来估算企业层面的 IT 和非 IT 资本存量。

国内现有的资本存量估算一般采用永续盘存法，只是在处理细节上还存在一些不同。

2.2.4 数据及工具变量的选择

大多数衡量移民对迁入地劳动力市场影响在方法上的局限性在于通常只能获取来自城市或地区的截面数据。例如，我们只能观察到某城市迁入人口占总人口的比例以及该城市的总体工资水平。而在前文所述的自由贸易模型中，资本与劳动力都是能自由流动的，均衡的要素价格也是可以获取的。在这种情形下，即使迁入劳动力能影响单个地区的工资水平，但所有地区的工资差异未必全部是由不均衡分布的劳动力迁移所引起的，因为决定工资水平的因素很多，如商品或其他生产要素。单个地区的工资波动看上去更可能是由于短期的劳动力供给冲击或需求冲击引致的。

另一个重要原因在于，迁移人口通常对迁入地有特定的偏好。迁移劳动力往往更倾向于由需求冲击导致工资偏高的地区。因为这种内生性，会导致部分计量估计结果得出迁入人口密集度高导致工资上涨的错误结论。

如果迁入劳动力忽略未来工资上升的可能性，仅仅依据某个时间点的绝对工资水平决定迁移的目的地，那么内生性问题可能只能通过使用包含更大时间跨度的数据来克服了。外来人口密集度的变化将不是由当地工资水平变化所引起的，两者间的相关性可归咎于虚假回归。通过差分可以消除各变量中不随时间变化的部分，从而得到短期中移民所带来的流量效益而不是存量效应。然而，如果移民选择的地区工资正处于上升期，那么迁移与工资之间的估计系数仍然是有偏的。

（1）截面与时间序列数据的选择

与截面数据相比，时间序列数据与面板数据在规避迁移对工资、就业的回归系数为零（如前文所讨论的迁移人口特定迁移目的地以及均衡的要素价格问题）的问题上有着更高的可信度。然而，数据的获取方面的约束通常会造成工资不平等研究中出现高估人口迁移对本地居民工资影响的现象。一方面忽略了这样一个事实：按城市的回归结果使用的低技能劳动力收入数据取的是包括外来移民在内的，整体低技能劳动力收入的平均值，而外来低技能劳动力的收入水平一般低于本地低技能劳动力的收入平均水平，这样就会造成估计结果有偏。另一方面，既然本地的低技能劳动力相对于外来低技能劳动力可能有着更好的替代性，那么低技能劳动力供给的增加对相对工资的影响就应该区分开来，如果不加以区分，那么获得的估计系数会比真实的系数大。[①]以上两方面的问题都来自数据可获取性方面的约束，因为只有特定年份的统计资料才能计算出迁入人口密集度。假如外来高中辍学人群的收入比本地辍学人群收入低 20%，那么 1980—1988 年迁入的外来高中辍学人口将会降低高中辍学人群平均工资的 1.5%，这一比例相对于 Borjas、Freeman 和 Katz（1992）估计出来的 2.5% 来说，不容忽视。

　　使用时间序列数据可以避免由于均衡的要素价格、内生的区域选择而引致回归系数趋于零的问题，但同时又容易引起新的偏误：从长期来看，移民将会倾向于迁往劳动力市场状况良好的地区，如此一来，移民对当地就业与工资的影响同样得不到体现。此外，要获取某地区或某群体实际工资水平的时间序列数据是非常困难的。Pope 和 Withers（1993）运用 1961—1981 年澳大利亚本土居民的时间序列数据，并将迁出国劳动力市场特征以及迁移成本作为工具变量，研究分析发现，外来人口的迁入对澳大利亚本土居民的工资、就业水平并没有负向影响。

（2）工具变量的选择

　　如果迁移者选择的迁入地的工资水平，在迁移发生之前就处于上升，那么直接用外来人口密度对工资水平进行回归得到的系数是有偏的，此时应该引入工具变量。如果一个变量与外来人口密度变化显著相关，而与工资变量无直接关系，则可以被当作工具变量，以消除模型的有偏性。如果工具变量同时与会引起工资水平变动的其他因素，如贸易流、当地劳动力与资本的变化无关的话，那么遗漏这些变量所带来的偏误也会得到一定程

---

　　① Borjas 和 Ramey（1993）发现了这个问题，他们将来自国外的移民比重作为解释变量加入回归方程，这样就可以解决本地低技能劳动力与外来低技能劳动力影响系数一样的问题。然而，由于只有 1970、1980 以及 1989 年的数据，其他年份只能通过插值获取，由此时间序列数据出现了很大程度的趋势性。

度的弥补。

　　如何找到合适的工具变量，前人已经做出了大量的贡献。Altonji 与 Card（1991）用 1970 年迁入人口的存量作为 1970—1980 年迁入人口占总人口比例变化率的工具变量。他们的逻辑在于，新迁入的人口通常倾向于迁往特征相近的人群聚居地区（Bartel，1989），而这种初始的聚集度并不会直接影响收入变量。Altonji 与 Card 通过控制平均年龄与受教育水平，试图解释 1970—1980 年美国城市的工资以及失业率变化。研究聚焦于技能水平较低的本地居民，并预计最有可能会因为迁入人口的增加而降低收入的人群为高中辍学的白种男性，最高学历为高中的黑种、白种女性及黑种男性。而结果表明，外来人口的迁入对失业率存在负向影响，同时，随着外来人口的增加，一年未就业的人群会减少。回归结果表明，特定城市外来人口占总人口比例每上升 1%，将会减少 0.23% 的失业率，并减少 0.25% 一年未就业人群的数量，同时还会提升当地劳动力中技能水平较低群体工资的 1.2%。

　　工具变量不仅要消除迁入地工资水平本身处于上升过程所带来的估计偏差，还应该消除地区内要素价格达到均衡状态所引起的零系数问题。这就比较好地解释了为什么 Altonji 与 Card 得出的系数比其他未引入工具变量的模型，如 Goldin（1994），所得出的系数更为显著。

　　如果将气候以及地区人口密集度（代表家庭成本或者 Braun 模型中的资源限制）作为迁移的工具变量，则会发现两国迁移变量的系数变得不显著（而收敛系数未发生改变）。回归结果表明，净迁移率每上升 1%，美国人均收入的长期增长率将上升 0.01%，日本上升 0.04%。作者得出迁移对收入增长的作用甚微，然而，得到该结果可能源于使用了弱工具变量。

　　以上研究是否在其他劳动力市场同样适用？Pischke 与 Velling（1994）应用 Altonji 与 Card 的模型设定以及德国 1985—1989 年的数据，得出类似结论。他们同样发现，外来人口的迁入对当地劳动力市场的就业率与工资并不存在显著影响。

2.2.5　生产函数的选择

与劳动经济学通常从劳动力市场的角度关注人口迁移对工资与就业造成的影响不同，宏观经济学与国际经济学通常将注意力放在人口迁移对经济增长（人均 GDP）的影响上，并对规模报酬是递增还是递减比较感兴趣。在解释移民与经济增长的关系上，近年来出现大量具有跨越性的理论模型，而实证研究相对较少，也没有达到一个明确的结论。

扩展的 Solow 增长模型（Solow，1956）为简单的理论分析提供了基础。生产函数由劳动力、人力资本、实物资本构成，并且劳动力与人力资本可以在国际间自由流动，而实物资本不能。同时假设不存在国与国之间的贸易。根据扩展的 Solow 模型，如果一个国家的实物资本相对于劳动力比较高，那么就意味着相比其他国家有着较高的工资率，国外的劳动力便会迁入该国。迁入劳动力会提高迁入国的人力资本，而不会对实物资本造成影响。在扩展的 Solow 模型中，迁入的移民对产出最关键的影响在于，移民的人力资本是否足够高，是否能抵消人均实物资本下降对迁入地经济带来的影响。如果迁入人口的人力资本不高，那么其与加速人口增长的作用相似，会降低人均产出的增长速度；如果迁入人口的人力资本水平比当地人口的人力资本水平高，则会加速经济增长。

显然，扩展的 Solow 模型自身存在局限性。首先，模型假设除了劳动力以及人力资本外，实物资本不能自由流动与现实不符。其次，模型暗示从长期来看，所有人都会迁往一个国家，即工资水平最高的国家。Braun（1992）在 Solow 的基础上，假设实物资本可以完全流动，而且引入了有限自然资源的概念。人口与资本将会流向与之对应的要素禀赋较集中或技术较先进的地区，但这种流动方向不会永远持续下去，会受到自然资源的约束。

Brezis 和 Krugman（1993）认为随着劳动力与资本的投入，规模收益应该是递增的而不是不变的。他们构造的自由贸易模型假设移民迁入国能以世界利率借贷资本。在这种前提条件下，如果发生劳动力迁入现象，产出的增加份额将会超过劳动力增加的份额，同时意味着资本收益率与工资率将同时上升。因为如果一国的资本收益率上升，超过国际利率水平，那么就会有大量外资流入该国，使资本劳动比率上升，进而提高工资水平。在 Brezis 和 Krugman 的模型中，高技能劳动力会获得较高的工资，劳动力需求曲线变为向右上倾斜的曲线。

在过去的文献中，较少使用截面数据估计生产函数来计算迁移人口与本地居民之间的替代弹性，以此计算迁移对其他生产要素的影响。Grossman（1982）应用 1970 年美国城市数据开展了此方面的研究。Grossman 发现迁入人口对本地居民收入会产生显著的影响，移民就业率每上升 10%，将会降低本地居民工资 1%。在 Grossman 的模型中，没有区分本地居民的技能水平。

2.2.6 要素均衡价格的思考

在应用截面数据的模型中，人口迁移对本地居民劳动力市场只会产生一个中性的影响。从前文可以看出，如果没有引入控制外来人口流向的工具变量，那么回归系数将趋于零。同时，如果人口迁移对经济体所带来的影响未能改变要素的均衡价格，那么回归系数同样会趋于零。

要确定某地区的要素价格是否达到均衡是很困难的。每个地区的产品结构会根据当地所拥有的要素禀赋变化而变化，而地区间的工资差异则会随着劳动力或资本的流动而趋于零。如果要素的流动成本不变，那么工资差异也将达到稳态。正常情况下，人口流动对地区间的相对工资水平影响会小于对全国平均工资的影响。

一些实证分析衡量了均衡的要素价格变化的范围和速度。Blanchard 与 Katz（1992）记录了特定地区由需求冲击引致的工资差异每变化 1%，将会影响该地区的就业率至少 10 年，而对失业率与劳动参与率的影响大约为 6 年。Decressin 与 Fatàs（1995）运用欧洲的数据得出类似结论，他们发现，特定地区的就业市场的冲击会对失业率及劳动参与率产生大约 4 年的影响。这些研究表明，运用地区间的截面数据寻求迁移的影响是合理的，而由于均衡的要素价格的存在，对回归系数趋于零的影响可能是微小的。

Filer（1992），White 和 Hunter（1993）运用跨国数据的研究表明，国内迁移会抵消部分来自外国移民的影响。尽管内部迁移人口的技能构成会与国外移民的技能构成不尽相同，国内迁移人口通常被假定对工资的影响与外国移民类似。由于通常没有考虑到某一地区随着外国移民的迁入，来自国内的净迁入率会降低，那么在只有截面数据的研究中会低估外国移民对工资造成的影响。这种偏差是可能是因为遗漏了替代国内迁移的工具变量。

总而言之，可以得出以下结论：假定均衡的要素价格在短期内并不会让基于截面数据分析迁移带来的影响失去意义；考虑到外来人口对迁移目的地的偏好以及其他生产要素的流动所带来的互补效应，有必要引入工具变量。

2.3　国内外迁移对劳动力市场的研究现状

2.3.1　国外迁移对劳动力市场影响研究现状

（1）对就业的影响

当我们比较 Barro 和 Sala-i-Martin（1992）与 Blanchard 和 Katz（1992）的结论时，会产生一个疑问：谁的研究更能解释移民对美国就业率变化的影响。两者研究框架的不同使比较难以进行，然而，他们针对就业率增长、劳动参与率以及失业率构造了一系列模型，其分析结果揭示了在特定地区，就业增长率受到冲击而波动后，劳动参与率与失业率水平最终仍然会回到受冲击前的水平，就业率不会高于原有增长水平。这表明，就业率即使未受到冲击，也不会上升，因为劳动参与率与失业率会回归到原有水平，更低的就业率必然是源自人口的外迁。这个结论暗示着迁移对特定地区在出现就业波动时，是一个极为重要的平衡机制，也是 Barro 与 Blanchard 模型引起争论之处。

有少量文献对以上疑问做出了实证解释。Dolado、Goria 和 Ichino（1993）利用 OECD 国家的面板数据，对 Solow 模型做出检验。他们利用迁移的滞后项、储蓄率、入学率以及人口密度作为净迁移的工具变量。尽管没有给出迁移变量的估计系数，但通过他们的方法可以发现，加入迁移变量可以降低收敛系数。虽然他们对迁移变量有不同的设定，但估计结果与 Blanchard 和 Katz 得出的结果相一致。

通过对理论的概述可以发现，预期结论往往与外来移民与本地居民的人力资本水平有关。据 Dolado、Goria 和 Ichino 的记录，迁入 OECD 国家的移民，通常人力资本比本地居民低。Borjas、Bronars 和 Trejo（1992）证明了 Roy 模型中控制迁移人口的自我选择[①]变量是必要的：收入水平分布区间较集中的迁出地（收入差距较小的地区），其高技能劳动力通常选择迁往收入水平分布区间较大的地区（收入差距较大的地区）。迁移劳动力会倾向于选择技能收益最大化的地区，所以迁入劳动力的质量将取决于该地区工资分布状况。尽管迁移劳动力质量并未在已有文献中得到明确的说明，但对于解开一国内地区间的人口迁移是大有裨益的。

大量研究在前文所述的模型基础上得以展开，并得出相同或不同的结论，丰富了人口迁移对工资、就业影响的探索和实践。一些研究表明，迁移者对迁移目的地及迁移时间的选择很大程度上取决于政治因素而不是经济因素，这些研究结果消弱了迁移者根据劳动力市场状况选择迁移目的地的论断。1980 年 5 月，大量古巴人通过马里埃尔（古巴西部港口城市）迁入迈阿密，致使迈阿密的人口增长了 7%。Card（1990）将技能水平较低的人群分为白种人与黑种人、非古巴籍西班牙裔以及古巴人。检验的结果表明，只有古巴人的工资、就业受到负面的影响。而从 1985 年的普查资料可以得出，1980 年通过马里埃尔进入迈阿密的古巴人比起其他古巴人来，有着更低的工资以及更高的失业率。此外，Card 还发现马里埃尔事件导致迈阿密在 1980 年之后人口增长得非常缓慢，原因在于新迁入的外来人口

---

① Self-selection，即人们通常根据自身人力资本状况对迁移或不迁移做出选择。

减少。

在另一项研究中，Hunt（1992）检验了从阿尔及利亚回流至法国的迁移人口对法国工资水平及就业造成的影响。回流劳动力致使法国的熟练工人增长了 1.6%。Hunt 采用 1962 及 1968 年的数据，并选取了地区气候以及 1962 年以前的人口存量作为工具变量，检验结果发现，时间变量是外生的，回流人口目的地的选择很大程度上取决于当地的气候。她还发现劳动力市场中回流人口每增加 1%，将会降低当地 0.8% 的工资水平，并使当地居民的失业率上升 0.2%。Hunt 同时还发现从其他国家迁入的移民更趋向于迁往回流人口聚集的地区，这种趋势在很大程度上抵消了由于大量回流人口造成的工资下降以及失业率上升的问题。

与此类似，Carrington 和 deLima（1994）收集了自 1974 年后，大量从非洲殖民地返回欧洲的葡萄牙裔数据。他们通过分析时间序列数据，以及从西班牙、葡萄牙获取的省级截面数据，发现回归的结果与使用的数据类型有很大的关系。

（2）对工资的影响

Goldin（1994）利用 1890—1923 年美国城市数据，检验了城市外来人口的变化对不同行业不同职业工资变化的影响，发现在部分年份和城市中，两者的回归系数通常为正或者零。也就是说，在某些年份和城市中，外来人口的增加引起当地工资水平的上升或不变。而更为普遍的现象是，随着外来人口密度的上升，迁入地工资往往会下降，Goldin 给出的回归结果为，外来人口占总人口比例每上升 1%，当地工资会下降 1% ～ 1.6%。Goldin 的计量结果可能跟其他文献一样，存在结构性问题：城市层面的工资水平既包含了外来人口的工资水平，也包含了本地居民的工资水平。这就牵涉到外来人口的迁入是对外来人口工资水平有影响还是对本地人口工资水平有影响，抑或对两者都有影响的问题。举例来说，如果外来人口的收入较本地人口的收入低，那么随着外来人口占总人口比重增加，即使人口的迁入对本地居民的工资并不存在负相关关系，该城市的平均工资水平同样会降低。所以，如果没有区分本地人口与外来人口的收入，那么估计外来人口对平均工资水平的影响显然也是不可能厘清的。

Lalonde 和 Topel（1991）利用 1970 年和 1980 年美国人口普查的微观截面数据计算了美国各城市迁移人口的规模和变化，并针对不同迁移规模得出不同的迁移与工资水平间不同的影响系数。应用微观数据能有效减少联立性偏差问题，因此为控制影响迁移的其他特征变量提供了可能，同时，也为估计迁移对特定城市工资水平的变化提供可能。然而，如前文所述，如果不能把迁移的影响从人流与物流所带来的影响中剥离开来，则会使迁移的影响弱化，这个问题在 Lalone 与 Topel 的模型同样存在。

Lalonde 和 Topel 致力于研究不同外来组群之间的影响，并推断出既然外来人口组群之间的影响大于外来人口对本地人口的影响，那么外来人口组群之间的影响可以被看作外来人口对本地人口影响的上限值的结论。Lalonde 和 Topel 通过研究迁入美国时间为 0～5 年的男性移民数据发现，该组群中的外来劳动力每增加 10%，该组群的平均工资水平将会下降 0.3%。用类似的方法研究黑人和西班牙裔青少年组发现，该组群劳动力的增加并不会对工资水平产生显著影响。Lalonde 和 Topel 的发现表明人口迁移对劳动力市场带来的冲击并不会对工资水平产生显著的影响。

在最近关于收入不平等或工资歧视的文献中，在假定迁移会对地区经济变量产生重要影响的背景下，得出的估计系数也与 Altonji 和 Card 以及 Goldin 估计的结果相近。这些文献运用人口现状调查的年度数据，估计出受不同教育程度的人群如何影响他们的相对工资水平，同时还计算出外来人口的迁入如何对 1980 年代受教育水平最低劳动力的供给产生影响，进而如何引起受教育程度最低劳动力的工资水平下降。之所以会产生这种计量结果，必须建立的假设条件是收入的不平等完全是由低技能劳动力工资水平下降所引起，然而，该假定条件有可能夸大了人口迁移对低技能劳动力绝对工资的影响。

Borjas、Freeman 和 Katz（1992）利用美国 1967—1987 年的时间序列数据研究收入不平等问题时发现，1980—1988 年，迁入人口占总人口比例的 6.9% 上升到 9.3%，在此期间从高中辍学人群的相对收入每下降 10%，

2.5% 是由外来人口的迁入所解释的。无独有偶，与 Altonji 和 Card 估计的结果相同，Borjas、Freeman 和 Katz（1992）得出结论意味着迁入人口占总人口比例每上升 1%，将会减少高中辍学人群绝对收入的 1.2%。

Borjas 和 Ramey（1993）利用 1977—1991 年来自 44 个城市的面板数据，计算出国外移民占城市总人口比例每上升 1%，将会降低高中辍学人群相对工资（高中辍学人群工资水平相对于拥有大学学历人群工资水平）的 0.6%，是 Altonji 和 Card 估计结果的一半。

Brezis 和 Krugman 认为随着劳动力与资本的投入，规模收益应该是递增的而不是不变的。他们构造的自由贸易模型假设移民迁入国能以世界利率借贷资本。在这种前提条件下，如果发生劳动力迁入现象，产出的增加份额将会超过劳动力增加的份额，同时意味着资本收益率与工资率将同时上升。因为如果一国的资本收益率上升，超过国际利率水平，那么就会有大量外资流入该国，使资本劳动比率上升，进而提高工资水平。在 Brezis 和 Krugman 的模型中，高技能劳动力会获得较高的工资，劳动力需求曲线变为向右上倾斜的曲线。

由此可以看出，理论模型通常预测移民倾向于迁移到有着更高工资水平或有着更高预期工资流的国家或地区。不过如果较多的迁入人口能促使当地工资水平上升，那么这种看上去互为因果的关系将很难从实证分析中得到解释。Barro 和 Sala-i-Martin 解决了这个问题。他们使用日本和美国部分地区在不同时期的数据，按人均收入分成不同区间，以观察迁移对不同收入水平地区人均收入增长率的影响，由此得出迁移对人均收入影响系数的收敛率，然后将迁移变量与收敛率同时作为解释变量放入回归方程。迁移对收入增长的影响可以从以下两个方面进行判断：一方面，可以得出迁移变量对估计得出的收敛系数的影响，另一方面可以得出迁移对长期增长的影响。对日本和美国来说，将迁移变量加入到收敛回归中会造成收敛系数稍微变大，而且迁移变量与收入增长之间为正相关关系。对美国来说，迁移变量的系数说明净迁移率每上升 1%，将会引致人均收入增长 0.1%。

Welch（1979）将这种方法用来研究"婴儿潮"对工资造成的影

响。他发现在按年龄段分组的高中辍学男性白种人群组中，特定年龄段人数占该群组总人数比例每上升 10%，则该年龄段的平均周薪将会降低 0.8% ~ 1.8%，同时，年薪会降低 2.5%。以上结论暗示着在"婴儿潮"出生的人群有着更高的失业率以及更低的工资水平。与此相反，Altonji 与 Card（1991）却发现移民的增加与就业率的关系为正。综上所述，外来人口对当地居民收入的影响比"婴儿潮"对收入的影响要小。Welch 通过计算得出"婴儿潮"降低了 1967—1975 年从高中辍学人群工资的 12%。而要降低同样多的工资，应用 Altonji 与 Card 的结论，则需要增加 140%（或者占总人群比例的 10%）的外来人口。

（3）对技术进步的影响

技术作为生产函数中连结物质资本与劳动的重要因素，会影响生产过程中的劳动分工和劳动力需求。

关于技术进步、人力资本与劳动力需求的关系，一个普遍的共识是技能偏向型技术进步假说，即技术进步和新技术的应用增加了对高技能劳动力的相对需求，从而导致高技能工人相对工资的上升（Dunne, & Troske, 2005）。对于技能偏向型技术进步，Acemoglu（2002），Katz 和 Autor（1999），Link 和 Siegel（2003）提供了全面的评述，认为以信息技术的应用为代表的技能偏向型技术进步是美国等发达国家 80 年代中期以来高技能工人和低技能工人工资差异拉大的主要原因。

Katz（1999），Feenstra 和 Hanson（1997），Hanson 和 Harrison（1999）等学者使用美国、英国、加拿大等国家调查数据研究结果表明，在美国，一名男性大学毕业生与高中毕业生平均工资差额在 1979 年为 30%，到了 1995 年，这种差异上升到了 70%（Katz, & Autor, 1999）。类似的，在制造业部门，非生产（被认为是高技能型）工人和生产（被认为是低技能型）工人的相对工资在 1958—1979 年下降，但此后以每年 10% 的速度增加（Slaughter, 1999）。此外，Hanson（1997，1999）等人还发现在发展中国家同样存在类似现象。

在理论发展方面，Acemoglu（2002）的模型讨论了技术进步和劳动力市场的关系，认为在过去 60 年里，存在技能偏向型技术进步。在此阶段研究中，假设高技能工人和低技能工人的替代弹性通常大于 1，但这一假设并没有得到实证支持。Moutos（2006）建立了一个一般均衡模型，将高（低）劳动力的相对需求与供给都纳入到模型中，发现即使高技能工人和低技能工人的替代弹性小于 1，技能偏向型技术进步仍然可以解释高低技能工人差距的扩大。

在实证研究方面，Autor（1998），Berman（1994）和 Berndt（1992）将美国高技能劳动力所占比例作为行业内计算机投资的函数，研究发现，在一个行业内，计算机投资的增加和高技能劳动力比例呈正相关关系。Berman（1998）用跨国数据证实了这一发现。Haskel 和 Heden（1999），Siegel（1997）运用更丰富的估计技术以及计量方法也得出了支持技能偏向型技术进步的结论。Stephen 和 John（1998）运用 OECD7 国劳动力市场需求模式的转变做的经验研究描述了工业化成熟、信息技术发达国家中技能偏向的作用，并证实了劳动需求向技能化转变的倾向。

行业层面的研究说明技术和技能之间有一致的关系，但用微观数据得出的结论相对来说不如前者明朗。Krueger（1993）通过美国工人的微观数据发现与工人使用计算机相关的工资溢价，并把这个结果解释为与技能偏向型技术进步假说一致。Dinardo 和 Pischke（1997）使用德国工人的数据也得出上述结论，但他们认为这只是反映了工人能力的差别，不能作为技能偏向型技术假说的证据。Dunne 和 Schimitz（1995）用厂商层面的数据分析了劳动力的技能构成和先进生产技术应用的关系，他们用生产工人占工人总数的比例衡量技能，发现使用更多先进制造技术的制造业厂商雇佣更少的生产工人即低技能工人。Doms（1997）使用相似的数据分析"技能提升"问题，发现使用更多先进制造技术的厂商雇佣受高教育的工人，有更高比例的非生产劳动者，支付更高的工资。但是，当他们考察 1977 年至 1992 年间先进生产技术应用和劳动力技能的变化时，发现两者之间几乎没有相关关系，采用更多先进生产技术的厂商并没有提升他们劳动力的技能。他们的另一个发现是技能提升与计算机设备的投资是相关的。这一研究表明，技能提升和技术之间的关系随着技术类型和技术衡量方法的不同而不同。于是，出现了关于异质的技术和技能之间关系的研究。Siegel（1999）用 79 个制造业厂商的数据检验了 12 种不同的先进制造技术对人力资本的影响，发现先进生产技术所产生的影响大小根据所采用技术类型而不同。Dunne 和 Troske（2005）考虑了信息技术的异质性，用 7 种不同的信息技术的使用情况分析美国制造业企业，发现技术应用和劳动力技能的关系随技术种类和技术承担的任务的不同而不同，在企业层面，技术应用和劳动力技能提升几乎没有关系。

以上理论和实证研究都表明，以信息技术的应用为代表的技能偏向型技术进步是发达国家 20 世纪 80 年代后期以来高技能劳动力的需求普遍增加、高技能工人和低技能工人工资差距拉大的主要原因。

2.3.2　国内迁移对劳动力市场影响研究现状

（1）对就业的影响

改革开放以来，大量农业劳动力迁入城市，一方面，城乡二元劳动力市场结构有所缓和，另一方面城市本地劳动力的就业岗位不可避免的被挤占，由此引起广泛的争议。针对此问题，国内大多数研究主要集中在以下三个问题：外来劳动力是否在真正意义上挤占了城市本地劳动力的就业机会？两者之间是替代关系还是互补关系？地方政府限制外来人口的就业是否合理？

一部分研究认为外来劳动力与本地劳动力之间主要是互补关系，外来劳动力对本地劳动力市场影响并不大。王桂新（2006）从上海外来劳动力的基本属性及本地劳动力的供给规模与劳动供给行为等多个方面入手，对上海外来劳动力与本地劳动力的补缺、替代关系进行探讨。研究发现，上海市外来劳动力与本地劳动力之间的关系主要表现为补缺关系而非替代关系，即上海市的外来劳动力弥补了本地劳动力不愿从事的行业及职位。周海霞等（2006）运用动态均衡理论模型论述了外来劳动力进入城市，短期内会对城市劳动力市场造成一定冲击，但从长期看，低成本劳动力会引致企业扩大生产规模，拉动投资需求，同时经济增长成果能在更大范围分配后刺激需求，两种因素都会提高城市劳动力就业率。吴鹏森（2007）对劳动力市场进行解构和分层，提出必须在劳动力市场细分的基础上研究外来劳动力与本地劳动力之间的替代关系，认为外来劳动力在低端劳动力市场聚集并非挤占了本地劳动力的工作机会，而是本地劳动力主动放弃的就业空间。王大奔（2010）认为限制外来劳动力的进入并非缓解本地劳动力就业压力的根本办法，其原因在于大量外来劳动力所从事的职业在面临就业压力的本地劳动力眼里根本不是"职业"，很多职业在很大程度上随外来劳动力而来，又随外来劳动力而去。左学金（1996）从上海市纺织行业的用工状况出发，提出外来劳动力并未对城市劳动力尤其是非熟练劳动力产生直接竞争关系，城市劳动力失业与外来劳动力并没有直接关系。丁金红和吴超中（1995）从下岗职工再就业的角度，研究外来劳动力的影响，其结论是外来劳动力与上海职工的关系是互惠互利的，就业竞争只是在小范围人群中发生。

　　一部分研究认为外来劳动力会对本地劳动力的就业产生一定压力。宋健（2006）通过分析珠三角人口流动对特定区域劳动力市场的正负两方面影响发现，外来劳动力的流入加剧了珠三角就业压力，其影响是巨大的。杨云彦、陈金永和刘塔（2001）利用武汉的外来人口调查数据研究外来劳动力对本地劳动力的影响。研究结果认为，外来劳动力与城市本地劳动力正由互补关系逐步过渡到竞争关系，其理由是外来劳动力中专业技术人员所占比例正在日益增加，致使其对本地劳动力产生"挤压"效应。此外，杨云彦还认为随着收入隔离的弱化，外来劳动力的低成本优势将加强这种"挤压"效应。

　　总而言之，从已有文献来看，大多数学者强调外来劳动力与城市本地劳动力之间并非相互替代的关系，而更多的是一种互补的关系，同时对于地方政府出台的保护本地劳动力就业、限制外来劳动力进入的政策普遍持否定态度。在研究方法方面，与国外文献相比，国内多以定性研究为主，缺乏实证过程，即使有定量研究，也是采用个别城市或者小型社会调查数据进行分析，说服力有限。

（2）对工资的影响

迁移对工资差异的研究主要分为两条主线：一条是利用家庭或个体微观数据进行分析，这一角度的研究涵盖性别差异（李实、马欣欣，2006；王美艳，2005；张丹丹，2004）、城乡差异（钟笑寒，2006）、受教育程度差异（张车伟，2006；李雪松、郝克曼，2004；李实、丁赛，2003；姚先国、张海峰，2004）等劳动力个体特征对工资收入的影响。从研究内容上看，主要包括城乡收入差异、城市本地劳动力与外来劳动力之间的工资差异、男性与女性工资差异以及具有相同教育背景的不同劳动群组在工资收入等方面的差异。另一条主线是从行业（金玉国，2005）、地区（都阳、蔡昉，2004）以及不同企业性质（邢春冰，2005）角度入手，研究对行业（企业）工资水平的影响。这一角度的研究关注不同区域的发展程度、行业特征和垄断程度以及企业的所有制性质对工资水平的影响。

由于调查数据的不足，国内文献中研究外来劳动力对城市本地劳动力工资影响的成果较少，多以研究外来劳动力工资水平变化以及内部工资差异为主。

王美艳（2005）利用2000年第五次全国人口普查长表1%的抽样数据，测量外来劳动力与城市本地劳动力工资差异并对其进行分解，研究结果表明，外来劳动力与本地劳动力的工资差异，59%由行业间的整体工资差异引起的，41%由行业内工资差异引起，且工资差异约43%是由歧视等因素造成的。谢长青和范剑勇（2012）使用2005—2007年全国地级市数据研究外来人口对区域工资的影响，结果显示，从全国层次来看，外来人口能引致市场潜能上升，进而提高地区整体工资水平。王海宁和陈媛媛（2010）运用2008年北京、天津、上海、广州四大城市外来人口调查资料，发现个人禀赋与就业环境等因素在不同劳动组以及不同收入组中存在差异，将工资差异分解为制度因素与个体特征后，得出制度因素是工资差异主要原因的结论。郭凤鸣和张世伟（2011）通过自然实验对城市劳动力与农民工工资差异进行分解，研究结果表明两类劳动力的工资差异中的69.77%由个体特征差异所引起，14.01% 由教育歧视所引起，12.99% 由户籍歧视所导致，因此要缩小城市劳动力与农民工工资差异要从教育和户籍制度改革入手。叶静怡等（2012）基于 2009 年北京市外来人口调查数据，研究了社会网络层次对农民工工资差异的影响，研究结果发现，拥有高层次社会网络的外来劳动力除了在搜寻工作过程中占有优势以外，行为模式和生产率也会随之提高，从而与只拥有低层次社会网络的外来劳动力相比，工资水平更高。刘京军和邢春冰（2012）根据珠三角地区外来劳动力调查数据，研究了外来劳动力工资水平及工资差距与绩效工资的影响，发现绩效工资的施行加大了劳动组内的工资差异，对高收入组的影响大于低收入组。

（3）对生产率的影响

国内探讨技术进步和劳动力需求、就业关系的研究并不多，大多集中在讨论技术进步、资本深化与就业总量的关系。近年来出现探讨中国技术进步的技能偏向效应的研究。

在技术进步对工资影响方面，董直庆、宋冬林和王林辉（2010）考察了我国技能偏向型技术进步的存在性，以及不同类型技术进步技能偏向性的差异，分析结果显示我国技术进步引致技能型劳动力需求增长，进而导致劳动力市场收入结构变化而出现技能溢价。王永进（2010）从偏向性技术进步的角度解释了我国技能工人工资在快速增长的同时，劳动力收入占比并未同步上升的现象。

在技术进步对就业刺激方面，丁仁船（2002）通过计量分析认为技术进步增加了中国劳动力就业总量。但何平（2007）通过对 1998—2004 年大中型制造业企业数据的研究发现，科技活动对企业生存有正向影响，但对就业没有影响甚至是负向影响。

罗润东（2004）提出了技术进步中劳动要素需求模型，讨论技术进步中资本－劳动比的均衡状态和变化趋势，得出结论：信息化对中国工业部门的增长与就业产生了显著影响，但这种以信息化为指向的技术进步过程，并非是超越工业化而完全独立的阶段。

尽管上述研究对分析技术进步和城市劳动力市场的关系作出了有益尝

试，但其分析方法与主流的理论模型和实证分析仍然存在较大的差距，在内容上也主要涉及总体就业人数变化，很少涉及对不同技能劳动力的需求和就业问题分析。

因此，本书借鉴已有的研究成果，尝试通过分析我国技术进步的特点对劳动力需求的影响，来探讨外来劳动力对技术进步的影响。

2.4　本章小结

虽然大多数学者相信人口的流入对迁入地本地居民的工资与就业率都会带来正面影响，但能支持该观点的实证文献还不多。我们可以看到，针对该问题，经济理论往往是模棱两可的，运用各种模型及设定的实证分析最终得出的结果往往也不能达到预期——迁入人口对本地居民劳动力市场的影响通常很小。但同时可以发现，没有证据表明外来人口会降低本地居民的就业率。大部分基于美国及其他国家的实证分析表明，外来人口占总人口比例每上升 10%，将会降低本地居民工资水平的 1%。然而进一步的研究发现，即使劳动技能与外来人口存在完全替代关系的本地居民，也没有发现工资水平会随着外来人口增加显著下降。在收入差距方面，人口迁移最多能解释 1/4 美国 1980 年代外来人口与本地居民的收入差距，不过真实的影响可能会非常小。

第3章 外来劳动力迁移因素分析

本章运用 2012 年全国流动人口动态监测数据分析了人口迁移意愿的影响因素，结果表明，在我国，高学历人群更倾向于迁移到技能溢价较高的地区，地区间收入差距的扩大会降低低学历人群的迁移率，同时会弱化高学历人群的迁移倾向；迁入地与迁出地的全要素生产率、外来劳动力就业率也是影响迁移动机的重要因素。

3.1 引言与文献回顾

近年来，随着我国经济总量的不断上升，城市化进程的推进，一方面为了更快推进产业升级，各地政府纷纷出台挤压低质量劳动力、吸引高质量劳动力的政策，另一方面大量流动人口出于流动成本与收益的考虑，选择不流动或就地择业，因此，各经济相对发达的沿海城市出现持续性的"用工荒"，企业生产成本上升。2013 年的全国流动人口动态监测数据显示，我国流动人口出现低龄化、低学历化的特征，流动人口主要集中在 25—45 岁，占总抽样流动人口的 65.64%；高中及以下学历的流动人口占总抽样的 88.53%，初中及以下学历的流动人口占总抽样的 75.32%。人口迁移理论认为迁移并不是一种个体的随机行为，而是迁移个体与市场环境双向选择的结果。由于我国高素质的劳动力相对短缺，对于北京、上海、广州等相对发达的城市来说，产业升级从而引入大量高素质劳动力显得愈发重要。

近年来，大量学者研究了人口迁移的决定因素（蔡昉，1995；段成荣，2001），但大多集中于对迁移个体特征对迁移决策的影响，即关于迁移内因的文献比较多，而较少关注外部环境变化，特别是地区间差异对劳动力迁移造成的影响。同时，由于数据的可获得性以及数据质量等方面的原因，对迁移人口人群未能给出详细划分，基于大样本量微观数据的研究成果较少。

自选择理论（self-selection theory）把个体决策分为内部动机和外部动机，内部动机与个体的内部因素和兴趣、满足感等密切相关，是高度自主的动机类型；外部动机则不是出于对活动本身的兴趣。Borjas（1987，1994）将该理论引入到人口迁移的决定因素分析中，并认为技能熟练程度不同或受教育水平不同的人群对迁移动机也不尽相同。Borjas（1987）将迁移决策划分为被动的自选择（negative self-selection）和主动的自选择（positive self-selection），并认为迁移与否既取决于潜在迁入地的市场因素，如收入等外部因素，同时还取决于劳动力自身因素，如技能（受教育）水平、个人期望等。高技能（受教育程度较高）劳动力倾向于迁移到收入差距较大的地区，低技能劳动力会倾向于停留或迁往收入差距较小的地区。在 Borjas 自选择理论关于外因分析的基础上加入就业机会以及劳动生产率因素，分析就业、收入以及劳动生产率差异对人口跨地区迁移决策产生的影响。

对人口迁移决策理论的验证，大部分研究都是基于业已发生迁移的数据（Chiquiar, & Hanson, 2002），这样就存在一个问题，这种相关性可能取决于迁入地区的迁移政策、迁移途径、历史渊源以及地缘关系等，这些因素都有可能对估计结果产生偏差（Jasso, 2000）。例如，如果一个地区的迁移政策对高素质人群的迁入有利，那么仅仅从该地区获取的数据对自选择理论的检验将不再具有说服力，这样就存在某种局限性。早期的研究，不管是国家间的人口迁移（Gabriel, & Schimitz, 1994；Bailey, 1993）还是同一个国家不同地区间的迁移（Massey, 2002；Burda, 1998；Borjas, & Bratsberg, 1996），都未能克服这种局限性。本书的目的在于通过分析源于不同省份的微观数据，检验哪一部分人群倾向于迁移以及就业状况如何，克服上述的局限性。本书分析方法主要有两个优势：第一，基于已经发生迁移事实的数据并不能反映上述提到的自选择过程。对迁移倾向的实证分析应该建立在能反映迁移动机的双向数据上，而不是单一的来自迁入地数据。第二，本书论证了大学本科及以下劳动力偏向于收入差距较小的地区，而学历为研究生的外来劳动力则更喜欢迁移到收入差距较大的地区；同时，学历越高，越倾向于迁往生产率较高的地区。

近年来我国的学者也利用人口迁移理论或模型分析了我国多方面影响因素对人口迁移决策的影响。研究内容主要包括迁移方式、迁移范围、迁移主体，以及迁移个体特征与迁移的关系。研究结果表明，我国人口迁移方式表现出多样性，包括随机性直接迁移、链式迁移、递进式迁移、强迫式迁移等多种迁移方式和途径；而省内迁移主要原因是婚姻迁移和渐进式流动迁移。对城乡人口迁移原因的分析表明，务工经商是最主要的原因，而这一迁移中又以农村人口的非户籍迁移为主体（朱宝树，1996）。这反映了进城的农村人口主要是以获取就业与更高的收入为主要目标的。

有关人口迁移的影响因素的研究，王格玮（2004）在第五次全国人口普查数据的基础上，对农村劳动力迁移决策因素进行了实证分析，发现地区间人均收入差距和迁移距离对劳动力迁移有显著的影响，并论证了1990 年代迁移人口的大量增加与户籍制度改革也有关联。唐家龙和马忠东（2007）利用 2000 年中国人口普查微观数据考察了中国人口迁移具有较强的年龄选择性和教育选择性，在青年迁移者中，女性所占比列有所上升且呈现高于男性的趋势。王桂新（2006）认为，人口迁入量、省际迁入及区内城际人口迁入规模，不光与城市国民生产总值、城市化率高度正相关，而且与空间距离具有相关性。王桂新还认为来自经济规模较小、发展水平较低城市的流动人口更倾向于迁向经济规模较大、发展水平较高的城市。

在劳动力城乡转移方面，侯红亚、杨晶和李子奈（2004）通过对中国农村劳动力迁移意愿进行实证研究发现，对农村就地转移的劳动力而言，他们的个人特征，如年龄、文化程度、性别、婚姻状况对他们的城市化迁移意愿具有显著影响；而对于异地转移的劳动力而言，他们的个人特征对他们的城市化迁移意愿几乎没有影响，同时，当前的收入水平对迁移意愿影响不显著，对迁移意愿有显著影响的是预期的收入水平。所以，要将更多的农业劳动力转移到城镇，就需要改善城市的就业环境，解决迁移人口在城市的住房、子女入学、社会保障和福利等问题。

原新、王海宁和陈媛媛（2011）利用 2008 年四大城市的外来人口问卷调查资料分析了影响大城市外来人口迁移行为的个体因素和迁入地因素，并发现城际迁移在多种迁移方式中所占比例的上升，而性别、婚姻状况以及户口类型等因素对迁移概率的影响并不显著，此外，城市平均工资增长率的提高对非正规部门劳动力产生了挤出效应，减小了潜在迁移者的迁移概率。

李欣（2011）运用企业层面的数据研究了技能溢价和工资差距的关系，研究结果表明，高技能劳动力与低技能劳动力的工资差距是显著的。邹薇和刘勇（2010）通过引入技能劳动供给约束和技能溢价，论证了如果初始技能劳动水平低，而且增长缓慢，那么不仅经济转型会延迟，而且以技能溢价形式体现的工资差距会更大。

本章后续结构安排如下：第二部分简要介绍 Borjas 的迁移选择理论，并构建一个简单的模型，分析在迁移成本以及拥有技能各不相同的背景下，哪些人群是被动的、哪些是主动的，并通过比较已经迁移与未迁移人群的技能水平来确定被动的迁移选择。同时，概括了 Chiswick（1999）提出的竞争性选择理论。第三部分描述主要数据来源及计算方法。第四部分利用 2012 年全国流动人口动态监测数据进行实证分析，以检验自选择理论假设。

3.2 理论分析框架及计量模型设定

3.2.1 理论分析框架

Borjas（1987）运用 Roy（1951）构造的模型解释了劳动力个体在面对

各种工作机会时如何进行抉择，以分析迁移过程中的自选择问题。他还解释了劳动力输出地区和输入地区之间的相对工资级差对掌握不同技术程度的劳动力产生何种影响的问题。Borjas 认为技能溢价越高，即高技能劳动力与低技能劳动力收入差距越大的地区，移民通常是被动选择，即该地区的掌握高技能的个体通常不会主动选择移民，选择移民的人群通常主要来自劳动技能低于该地区平均水平的个体。Borjas（1991）这种结论建立在迁移成本对每个人来说都是固定不变的假设上。我们应该看到，如果迁移成本与收益呈负相关关系，被动选择的说法将不成立。应用这种逻辑，进一步分析如果迁移者掌握的劳动技能越高，迁移后收入也会越高，那么迁移的成本相对于低技能劳动力来说会下降，不同技能水平迁移者可能会被动或主动选择迁移，这取决于迁移成本以及技能水平。

假设两个地区，迁出地和迁入地，迁出地用 0 表示，迁入地用 1 表示。进一步设定迁移选择是一次性的，并将迁出地居民的收入水平简化成下式：

$$\ln(w_0) = \mu_0 + \phi_0 + v_0 + \delta_0 s \qquad (3-1)$$

式中，w_0 表示迁出地的工资，μ_0 表示最低工资水平，ϕ_0 表示迁出地的全要素生产率，v_0 表示迁出地的整体就业水平，s 表示受教育水平，δ_0 表示迁出地教育回报率。尽管受教育水平并不能完全替代技能水平，却是最直观并方便获取的替代变量。如果迁出地居民迁往迁入地，那么他们将面临与迁入地相同的收入等式，即

$$\ln(w_1) = \mu_1 + \phi_1 + v_1 \delta_1 s \qquad (3-2)$$

式中，w_1 为迁入地的工资水平，μ_1 为迁入地的最低工资水平，ϕ_1 表示迁出地的全要素生产率，v_1 表示迁出地的整体就业水平，δ_1 为迁入地的教育回报率。假设迁出地平均技能水平低于迁入地，所以高技能人群在迁出地相对于迁入地比较稀缺，技能溢价也相对比较高，反映到式（3-2）中为 $\delta_0 > \delta_1$。

设 C 为迁移成本，$\pi = C/w_0$ 为用时间度量的单位迁移成本，即迁移所需的本可用于劳动的时间，代表迁移的机会成本。当下式成立，迁出地居民将迁往迁入地：

$$I=\ln（w_1）-\ln（w_0+C）\approx \ln（w_1）-\ln（w_0）-\pi>0 \qquad （3-3）$$

Borjas（1987，1999）假设 π 是常数，意味着所有个体迁往迁入地所需的劳动时间相同，即所有人在迁移过程中有着相同的机会成本。这个假设可以简化分析，不过可能不太贴合实际。我们提出相对迁移成本的定义，并假设随着受教育年限的增加，这种相对于后期收益的机会成本呈下降趋势：

$$\ln（\pi）=\mu_{\pi}-\delta_{\pi S} \qquad （3-4）$$

式中，μ_{π} 为迁移所用时间的平均收益，δ_{π} 为迁移平均回报率。式(3-4)中，技术溢价与相对成本呈负相关关系，与 Borjas（1991）模型的设定是一致的。为什么迁移的相对成本会随着受教育程度上升而下降？假设迁移需要办理一系列手续，办理迁移手续的时间对每个人来说都是相同的，同时存在一个能办理迁移手续的代理机构，并对所有人收费是固定的，那么单位时间收益较高的高技能人群所付出的迁移成本比单位时间收益较低的低技能人群所付出的迁移成本较少。当个体从迁出地迁移到迁入地时，即 $I>0$ 时，迁出地的迁移率为

$$P=P_r[v>-（\mu_1-\mu_0-\pi）]=1-\Phi（z） \qquad （3-5）$$

式中，$v=\delta_1 S-\delta_0 S$；$z=-（\mu_1-\mu_0-\pi）/\sigma$；$\Phi$ 为正态分布函数。式（3-5）有如下含义：① 迁移率与迁出地的平均收入呈负相关关系；② 迁移率与迁入地平均收入呈正相关关系；③ 迁移率与迁移成本呈负相关关系。此外，迁出地与迁入地技能溢出的差别以及迁移的相对成本都会对迁移率产生影响。考虑以下两种情况，$E（\ln w_0|I>0）$ 以及 $E（\ln w_1|I>0）$，第一个条件期望表示迁移者在迁出地的平均收入，后面的条件期望表示迁移者在迁入地的平均收入。在正态分布假设条件下，上述两式表示为

$$E（\ln w_0|I>0）=\mu_0+\frac{\sigma_0\sigma_1}{\sigma_v}（\rho-\frac{\sigma_0}{\sigma_1}）\lambda \qquad （3-6）$$

$$E（\ln w_1|I>0）=\mu_1+\frac{\sigma_0\sigma_1}{\sigma_v}（\frac{\sigma_0}{\sigma_1}-\rho）\lambda \qquad （3-7）$$

设 $\lambda=\phi（z）/P$，ϕ 为标准正态分布概率密度。变量 λ 与迁移率 P

呈负相关关系，当 $P=1$ 时，$\lambda=0$（Heckman，1979），假定初始 $P < 1$，则迁出地至少有一部分人不迁移的境况要好于迁移。式（3-6）和式（3-7）的第二部分定义了由收益最大化引致的选择偏离率。式（3-6）表示迁移者的境况可能会好于迁出地的平均水平，也可能会比迁出地的平均水平差，这取决于 $\rho > \sigma_0/\sigma_1$ 或 $\rho < \sigma_0/\sigma_1$。类似的，式（3-7）表示迁移者在迁入地与迁入地居民收入的对比情况，同样取决于 ρ 与 σ_0/σ_1 的关系。令 Q_0 为迁移者与迁出地居民平均水平的收入差，Q_1 为迁移者与迁入地居民平均水平的收入差，以及 $k=\sigma_0/\sigma_1$。

Borjas 认为，当 $Q_0 > 0$ 且 $Q_1 > 0$ 时，此时会存在主动的迁移选择。在这种情况下，迁移者是迁出地掌握高技能的群体，同时高于迁入地的平均技能水平。回顾式（3-6）及式（3-7），我们可以发现主动型自选择的必要条件是

$$\rho > \min\left(1/k,\ k\right) \text{且} k > 1 \qquad (3-8)$$

如果 ρ 足够大，且迁出地的技能溢价 δ_0 比迁入地的技能溢价 δ_1 小，那么迁出者的收入比迁出地区平均收入水平高，且高于迁入地区的平均收入水平。

同理，当 $Q_0 < 0$ 且 $Q_1 < 0$ 时，Borjas（1987）将其定义为被动的迁移选择。该类型迁移选择主体的收入水平通常在迁出地区低于平均水平，且低于迁出地区平均水平。被动迁移选择的必要条件是

$$\rho > \min\left(1/k,\ k\right) \text{且} k < 1 \qquad (3-9)$$

被动迁移选择同样要求 ρ 为正，但迁出地区的技能溢价 δ_0 大于迁入地区技能溢价 δ_1。

总之，寻求收益最大化是任何市场环境下劳动力的迁移动机。流入迁入地的劳动力质量由迁入地与迁出地之间的技能溢价差异所决定。假设 $\sigma_0^2 > \sigma_1^2$，迁入地为保障低收入者权益，提高高收入者的所得税（相对于迁出地来说），在这种情况下，低收入者会有更高的迁移动机。相反，如果 $\sigma_0^2 < \sigma_1^2$，迁出地为保护低收入者权益，从而对高收入者提高所得税，那么将会导致高技能人才流失。寻求收益最大化引致大量高技能人才流入

经济发达地区，且这部分迁移者的收入高于经济发达地区的平均收入。

另一方面，收益最大化假设还暗示着流入人口的质量呈不断下降的趋势。给定

$$Q_1 = Q(\mu_1 - \mu_0 - \pi, \sigma_0, \sigma_1, \rho) \tag{3-10}$$

同时设定 $Q_1 = \gamma\lambda$，$\gamma = (\sigma_0\sigma_1/\sigma_v^2)(k-\rho)$。参数 γ 不依赖于流量，而 λ 受流量的影响。α 为迁入地流入人口质量的任意影响因素：

$$\frac{\partial Q_1}{\partial \alpha} = \lambda\frac{\partial \gamma}{\partial \alpha} + \gamma\frac{\partial \lambda}{\partial \alpha} \tag{3-11}$$

式（3-11）第一部分控制迁移流量的不变部分，称为结构效应，衡量移民"蓄水池"总体质量对迁入地总人口质量的影响。第二部分称为规模效应，衡量随着迁移流量的变化，流入人口的总体质量的变化。

$$\frac{\partial Q_1}{\partial \mu_0} = \frac{\sigma_0\sigma_1}{\sigma_v^2}(k-\rho)\frac{\partial \lambda}{\partial z} \tag{3-12}$$

可以看到，μ_0 的变化仅仅会产生规模效应。此外，不难看出 $\partial\lambda/\partial z > 0$。此前讨论了 $k-\rho$ 的符号决定了迁移者是属于高收入人群还是低收入人群。式（3-12）表明 $k-\rho$ 同时决定了随着迁出地平均收入的上升，迁移者的决定会发生什么变化。如果 $k-\rho < 0$（迁出地区存在着较大的技能溢价差距，且 ρ 为正），那么 $\partial Q_1/\partial \mu_0 < 0$。直观来看，随着迁出地区的平均收入水平 μ_0 的上升，迁移率将会下降。同时，μ_0 的上升，还会导致迁入地流入人口平均技能水平的下降。在 $k-\rho < 0$ 的前提下，由于迁出地平均收入与迁移成本在模型中的作用相同，所以式（3-12）还预示着迁移成本的上升将会导致迁移人口平均质量的下降。

值得注意的是，这个结论仅仅控制了 μ_0（或迁移成本）的变化对迁移选择的影响。μ_0 的上升，既可以是因为迁出地整体技能水平的变化，也可以是由于地区财富的自然增长（如自然资源的发现）。如果 μ_0 是因为后者而上升，式（3-12）将能正确预见迁移者收入的变化（取决于 $\mu_1 + Q_1$）。然而，如果 μ_0 的变化归咎于整理技能水平的上升，那么流入劳动力的收入水平将取决于 $d\mu_1/d\mu_0$，并且这种变化对于 Q_1 的变化具有主导性作用。

所以不管式（3-12）符号的正负，发达地区流入劳动力的相对收入水平与 μ_0 可能存在正相关关系。

由迁出地平均收入上升导致的迁入地流入劳动力的整体质量取决于

$$\frac{\partial Q_1}{\partial \sigma_0} = \frac{\sigma_1^2 \sigma_1}{\sigma_v^3}（\rho^2-1）\lambda - \frac{\sigma_1 \sigma_0^2}{\sigma_v^3}（k-\rho）（1-\rho k）\frac{\partial \lambda}{\partial z} z \qquad （3-13）$$

等式的第一部分为结构效应，第二部分为规模效应。当 $|\rho| \leqslant 1$ 时，结构效应总为非正数。σ_0 的上升会降低低收入者的收入水平，而提高高收入者的收入水平。所以迁移者中将会包含更多低收入者。

此外，σ_0 的变化将会改变迁移率。式（3-13）表明规模效应取决于（$k-\rho$）、（$1-\rho k$）以及 z 的符号。前两个因素受式（3-8）与式（3-9）的约束，假设迁移类型为被动型迁移：技能水平最低的人离开迁出地且技能水平低于迁入地当地居民的平均水平，这意味着 $k-\rho < 0$ 且 $1-\rho k > 0$。式（3-13）揭示了规模效应取决于 $z=-（\mu_1-\mu_0-\pi）/\sigma_0$ 的符号。如果 $\mu_1 > \mu_0+\pi$，则意味着迁入地的平均收入高于流入人群的收入水平，而且流入人群的平均技能水平低于迁入地的平均技能水平。

最后，相关系数 ρ 对迁入地的影响可以表示为

$$\frac{\partial Q_1}{\partial \rho} = \frac{\sigma_1 \sigma_0^3}{\sigma_v^3}（1-\rho k）\lambda + \frac{\sigma_1^2 \sigma_0^2}{\sigma_v^3}（k-\rho）\frac{\partial \lambda}{\partial z} Z \qquad （3-14）$$

ρ 的变化同样会引致两种效应。首先考虑结构效应，结构效应的符号取决于 $-（1-\rho k）$，如果是被动型选择，$-（1-\rho k）$ 取负。ρ 的上升意味着迁移人口的收入水平在迁出地及迁入地都高于当地平均水平。因为 $\sigma_0 > \sigma_1$ 将会降低高技能者的收益率，而提高低技能者的收益率。此外，从式（3-14）右边第二部分也可以看到 ρ 的变化同样会对迁移率产生影响。如果为被动选择，$k-\rho < 0$，规模效应的符号位取决于的值。假设 $z < 0$，规模效应中的与迁移者质量的相关系数将为正。

假设两个地区之间的技术相关性足够密切，Borjas 的一个重要结论就是"如果劳动力输出地的收入分配越不合理……，那么该地区的劳动力越会倾向于迁移到一个技能溢价相对来说更合理的地区"。而对于那些不

管生活水平高于还是低于平均收入水平都不会选择迁移的个体来说，被定义为被动型选择人群，这个群体在迁入地区或迁出地区都存在。

相对于被动型自选择，主动的自选择被定义为迁移后所在地区的技能溢价更为合理。这种选择的动机来自拥有更高水平劳动技能的人群在迁移后往往能被征收更低的税费或享受更高的福利。值得注意的是，不管是各地区不同的平均收入水平，还是迁移成本，都不能影响这两种自选择，尽管这两个因素决定了移民的规模。

Borjas 在自选择模型得出进一步的结论，如果迁出地区都是主动个体，那么收入差距拉大将会造成较低的移民率，即使迁入地区有着更好的收入分配体制。这种现象背后的原因是尽管低素质劳动力迁移率不变，但高素质劳动力的迁移意愿会降低。相反，如果一国的民众都是主动型自我决策者，那么收入差距越大，将会出现越高的移民率。Borjas 利用美国的移民数据，将掌握不同技能水平的移民的收入水平与迁出国的移民率进行回归。为了突出相对技能差别，Borjas（1987）使用"家庭收入最高的 10% 的家庭相对家庭收入最低的 20% 的家庭"。Borjas（1987）的回归结果支持他的"收入差距会对移民造成影响"的模型假设。

3.2.2　自选择过程中的替代性模型

Borjas 的结论受到其他学者的质疑。Chiswick（1999）指出，迁出国的相对工资差异仅仅会对积极的选择造成不利影响，也就是说，消极的自选择过程并不会发生。在稍晚一些的文献中，Chiquiar 与 Hanson（2002）通过分析墨西哥迁移到美国的相关数据，结论支持 Chiswick 的观点。

对 Chiswick（1999）及 Chiquiar 和 Hanson（2002）构造的模型加以扩展，可以用来解释 Sjastaad（1962）提出的人力资本迁移理论，在 Chiswick（1999）的模型中，由于当前的迁移成本未列入预算，所以在他看来人们通常都属于积极的自选择类型。仅有的机会成本也就是迁移所需的时间，而这种机会成本对于能力存在差异的个体来说也是相同的。此外，Chiswick（1999）发现能力的高（低）与迁移有着正（负）相关关系，富有能力的个体往往能自我强化积极的自选择，即更倾向于迁移。Borjas 的模型假定对两种类型的迁移者来说，时间成本都是一样的。在当前的直接迁移成本中，迁出国较大的工资差异也许并不是消极自选择的必要条件，而仅仅会降低积极的自选择。其次，Chiswick（1999）称劳动技能的相对差异与 Borjas 估计的收入差距可能只存在弱相关性。Borjas（1987）的实证检验对这个问题做过解释，他也认为用迁移前后的收入差异作为度量迁移倾向存在局限性。本书用受教育水平来直接度量这种选择性，从而避免了以上问题。此外，由劳动技能差异引起的工资级差也是难以度量的。Borgas（1987）通过对迁移前后的登记工资差异和收入增长率等一系列变量进行回归，以衡量移民的选择倾向，其中还包括收入水平最高的 10% 人群相对于收入水平最低的 20% 人群之间的对比。Chiswick 认为这种方法存在缺陷，不适用于检验地区与地区之间的收入差距对主动的抑或被动的自选择产生的影响，仅仅能用于检验收入的不平等性是否与迁移倾向高低有关联（Chiswick，1999）。在本书的分析中，我们还通过控制教育水平来测度对迁移倾向的影响。同时，我们还能判断选择性的类型。

由此可以看出，Borjas 的理论预测了存在被动选择迁移的地区，级差工资通常会根据劳动技能有较大的差别；Chiswick 与其他学者则认为较大的收入差距并不会改变人们主动选择的本质。

3.2.3　计量模型设定

（1）模型选择

本书选用有序 Probit 模型来分析要素生产率、收入差距以及就业率对外来劳动力迁移选择性的影响。有序 Probit 模型是在二分类变量 Probit 模型上发展而来的，由于因变量为三类离散变量，因此采用有序 Probit 模型进行分析。

设 Y_i 为（0，1，2，…，m）上取值的有序相应，Y_i 的有序 Probit 模型可表示为

$$Y_i^* = \beta X_i' + \varepsilon_i \ (i=1, 2, \cdots, n) \qquad (3-15)$$

$$Y_i = \begin{cases} 0, & if \ Y_l^* \leqslant \alpha_1 \\ 1, & if \ \alpha_1 < Y_l^* \leqslant \alpha_2 \\ \quad \vdots \\ J, & if \ Y_l^* > \alpha_j \end{cases} \quad (3-16)$$

$Y_i = 0$，1，2，$\cdots$，J 的概率分别为

$\text{Prob}\ (Y_i = 0|X'_i) = \text{Prob}\ (\beta X'_i + \varepsilon_i \leqslant \alpha_1|X'_i) = \phi\ (\alpha_1 - \beta X'_i)$ （3-17）

$\text{Prob}\ (Y_i = 1|X'_i) = \text{Prob}\ (\alpha_1 < \beta X'_i + \varepsilon_i \leqslant \alpha_2|X'_i)$

$= \phi\ (\alpha_2 - \beta X'_i) - \phi\ (\alpha_1 - \beta X'_i)$ （3-18）

$\text{Prob}\ (Y_i = J|X'_i) = \text{Prob}\ (\beta X'_i + \varepsilon_i \leqslant \alpha_J|X'_i) = 1 - \phi\ (\alpha_J - \beta X'_i)$ （3-19）

式中，β 为待估参数，ε 为随机变量，J 为状态参数，α_i 为区间的分界点，ϕ 为标准正态累积分布函数。

（2）计量模型设定

根据以上理论分析，迁移倾向受个体特征、受教育水平、迁移成本、就业状况等因素的影响，因此，计量方程可以设定为

$Willing = \theta_0 + \theta_1 Male + \theta_2 Age + \theta_3 Age^2 + \theta_4 edu + \theta_5 Married +$

$\theta_6 Orignal + \theta_7 Span + \theta_8 Lasttime + \theta_9 Whours + \theta_{10} Income +$

$\theta_{11} Expenditure + \theta_{12} Insurance + \varepsilon$ （3-20）

式中，θ_0 为常数项；$\theta_1 \sim \theta_{12}$ 为相应系数；ε 为随机误差项，反映了其他未知因素对迁移倾向的影响。

式（3-20）中，$Willing$ 为流动人口的迁移意愿；表示性别，其中男性为 1，女性为 0；Age 表示年龄，本次流动人口调查的年龄分布为 16—61 岁；Age^2 为年龄的平方项，以控制样本中随着年龄的增长，受教育水平、收入水平等变量呈现出来的 "U" 型或 "倒 U" 型关系；edu 表示具体受教育年限；$Married$ 代表婚姻状况，其中已婚为 1，未婚为 0；所在地的就业率用 $Expenditure$ 表示；考虑到环境及社会因素对迁移意愿造成的影响，我们加入了流动距离、流动时间及户籍地变量，分别用 $Distance$、$Lasttime$、$Original$ 表示，其中 $Original$ 为虚拟变量，农业户口取值为 1、非农业户口

为 0。

　　同时，为了度量地区间收入差距、全要素生产率及就业率水平对迁选择造成的影响，可以将式（3-20）改写为

$$Willing = \theta_0 + \theta_1 Male + \theta_2 Age + \theta_3 Age^2 + \theta_4 edu + \theta_5 Married + \theta_6 Orignal$$
$$+ \theta_7 Span + \theta_8 Lasttime + \theta_9 Whours + \theta_{10} Income + \theta_{11} Expenditure$$
$$+ \theta_{12} Insurance + \theta_{13} TFP + \theta_{13} Employment + \theta_{14} Gini + \varepsilon \quad （3-21）$$

式中，$Gini$ 表示流出地的收入 Gini 系数；TFP 为迁入地的全要素生产率；$Employment$ 为迁入地的就业率，其他变量与式（3-20）一致。

3.3　变量测算及数据说明

　　本书数据来源于 2012 年全国流动人口动态监测数据库中有关居民生活与感受部分的抽样调查数据。该数据库以 31 个省 430 个市、区、县和新疆生产建设兵团全员流动人口 2011 年报数据为基本抽样框，调查的总样本量为 159376 万个家庭，涉及流动人口约 40 万人，其中农村家庭样本为 133653 户，非农村家庭样本为 25723 户，每个家庭最大抽样人口数不超过 10 人。流动人口动态监测调查的抽样总体为 16—59 岁劳动年龄的流动人口。调查问卷分为个人问卷和社区问卷两大类，个人问卷包括家庭基本情况、就业居住和医保、婚育情况、生活与感受四个部分；社区问卷包括人口基本状况、社区服务与管理。本书所用数据主要来自该数据库个人问卷部分，流出地收入 Gini 系数利用中国社会综合调查开放数据库 CGSS（2008 年）中有关收入的抽样调查数据计算所得，各省居民收入数据来自 2012 年各省统计年鉴。以下是有关变量和测度的说明（见表 3-1）。

−51−

表 3-1　主要变量的描述性统计

变量	Mean	SD	Min	Max
迁移意愿（Willing）	2.256	0.823	1	3
年龄（Age）	34.60	9.314	15.95	60.94
婚姻状态（Married）	0.782	0.413	0	1

续表 3-1

变量	Mean	SD	Min	Max
性别（Male）	0.531	0.499	0	1
受教育年限（Education）	9.629	2.881	0	19
户籍（Original）	0.843	0.364	0	1
迁移范围（Span）	2.408	0.745	1	3
迁移时间（Lasttime）	5.470	4.661	1	52
周工作时间（Whours）	59.58	16.97	1	112
家庭月收入（Income）	4977	5401	-9	99000
住房、食物支出（Expenditure）	1409	1060	-18	14500
医疗保险（Insurance）	0.187	0.390	0	1
全要素生产率（TFP）	1.023	0.0289	0.900	1.078
就业率（Employment）	0.822	0.105	0.244	1
地区收入差距（Gini）	0.414	0.0660	0.242	0.505

注：Willing 为迁移意愿，愿意 =3，没想好 =2，不愿意 =1；Male 为性别，男性 =1，女性 =0；Age 为被调查者年龄；Education 为受教育年限；Married 为婚姻状况，已婚 =1，未婚 =0；Employed 为就业变量，就业 =1，其他 =0；Span 代表流动范围，跨省 =3，跨市 =2，跨县 =1；Lasttime 为流入本地时间；Original 表示户籍来源，农业户口 =1，非农户口 =0；Gini 代表标准收入 Gini 系数；Income 表示外来人口在迁入地收入水平取对数后所得的值；Expenditure 为外来人口在迁入地住房、食物支出。

（1）迁移意愿。指已经在被调查地区暂时性居住、生活，而没有迁入本地的人群。本次调查通过对问题"如果没有任何限制，您是否愿意把户口迁入本地"的回答，了解流动人口的迁移意愿。当然，这个问题并不能说明被调查者必然会选择在本地定居，但能代表自选择理论中迁移的"动机"（Chiquiar, & Hanson, 2002）。所以，迁移倾向的数据可能会比实际迁移的数据在实证过程中更具有说服力，因为对于已经发生的迁移个体来说，所在地诸如迁移政策、迁移途径、迁移成本都会引致迁移结果产生偏误。这种偏误在很多仅仅采用单个地区或单个迁入地区数据的文献中并未得到重视。

（2）技能水平。我们按照受教育年限将劳动力具体分为"未上过学""小学""初中""高中（中专）""大学专科""大学本科""研究生"7 个组，并进一步分为 3 大类，具有大专及以上学历的被访者归为受教育水平高的类型，代表高技能人群，并赋值为 1，否则为 0；将具有高中学历的劳动力归为受教育水平为中的类型；将初中及以下学历的被访者归为受教育水平低的类型，表示低技能人群，并赋值为 1，其余为 0。

（3）人口特征。考虑到个体特征会对迁移倾向造成影响，我们将流动者的性别（虚拟变量，男性 =1，女性 =0）、年龄、婚姻状况（虚拟变量，已婚 =1，未婚 =0）等作为解释变量。同时考虑到通常年龄与收入、教育等因素呈 "U" 型或 "倒 U" 型关系，我们加入了年龄的平方项。

（4）外来人口就业竞争。本书将调查问卷中就业状况为 "就业" 的样本设为 1，其余设为 0，按城市得出外来人口的平均就业率，衡量迁入城市外来人口之间在劳动力市场竞争程度。

（5）迁移成本。假设所有人都是寻求 "收益最大化" 的个体，并且用于迁移的支出占预期工资比例相同，为了寻求相对迁移成本最小化而决定是否流动以及流动范围。其中 3 为跨省流动，表示迁移成本较大；省内流动为 2，跨市（县）流动设为 1。

（6）社会因素。源于我国劳动力市场长期处于城乡分割状态，所以在考虑迁移问题时必须加入劳动力来源因素，其中 1 为农业户口，0 为非农业户口。并加入流入本地时间来表示流动人口对迁入地的城市基础设施、生活成本、消费水平的认同程度。流入时间越长，认同程度越高，同时受到再教育、培训机会将会越多，在劳动力市场竞争力上升，获取工作的机会变大，迁移倾向可能也会变大。

（7）全要素生产率，根据 Caves（1982）的理论，基于投入的全要素生产率指数可以用 Malmquist 指数来表示

$$M_i^t = D_i^t (x^t, y^t) / D_i^t (x^{t+1}, y^{t+1}) \tag{3-22}$$

Malmquist 指数度量了从 t 期到 $t+1$ 期决策单元技术效率的变化。其中 x^t 为 t 期要素 x 的投入量，y^t 为 t 期产出 y，$D_i^t(x^t, y^t)$ 为距离函数，用来测度某一生产点向理想的最小投入点压缩的比例。根据 Fare 等（1994）的观点，Malmquist 指数可以分解为技术进步以及技术效率变化，其中技术效率变化又可以分解为纯技术效率变化、规模效率变化。本书在测算 Malmquist 指数时，选取 30 个省（市）、自治区（为保持数据的一致性，将重庆并入四川；由于西藏部分数据缺失，故予以删除）1990—2010 年的 GDP 作为产出指标，并以 1990 年的价格指数对历年 GDP 进行消胀处理；

同时选取同期资本存量与劳动力作为投入指标。其中资本存量指标采用"永续盘存法"估算（单豪杰，2008），计算方法为 $K_{i,t}=I_{i,t}+(1-\sigma_i)K_{i,t+1}$，其中，$K_{i,t}$ 是省份 i 在 t 年的固定投资，σ_i 为省份 i 固定资产折旧。劳动力指标为各省份从业人员数量。

（8）地区收入差异。我们用分省的收入 Gini 系数表示地区收入差异。估计收入 Gini 系数方法主要有加权变异系数法（林毅夫，刘培林，2003）、广义熵系数法（孙靖，黄海滨，2007）、非参数分解法（陈昌兵，2007）。值得一提的是，从陈昌兵（2007）的研究结果可以看出，中国大多数省份在 1995—2004 年，收入 Gini 系数有不断上升的趋势。由于中国是一个典型的二元结构的国家，城乡收入差距较大，但多数研究成果揭示的是以省为单位的整体收入差异，并没有将城乡差异体现出来，所以并不能很好地反映各地区间实际的贫富差异情况。此外，多数研究采用的数据都是分组数据，利用微观数据计算的不多，因此计算的地区间收入 Gini 系数并不是很精确。鉴于此，我们借鉴段景辉（2010）的方法，利用中国社会综合调查开放数据库（CGSS）2008 年的调查数据对各省收入 Gini 系数进行估算（见图 3-1）。

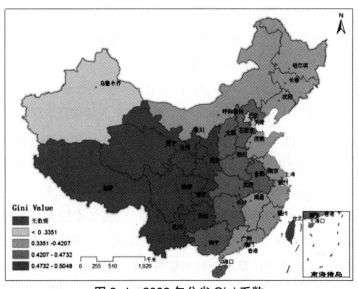

图 3-1　2008 年分省 Gini 系数

（9）地区收入水平。多数文献通常用各地区的人均 GDP 来度量地区间差异，但本书的研究重点在于收入差距，而 GDP 的统计方式并不能很好地反映居民收入（Linetal，2004）。因此，我们使用中国统计年鉴中的"城镇居民人均可支配收入"与"农村居民人均纯收入"分别乘以城镇人口与农村人口的权数，作为度量地区差异的指标。同时，我们还加入调查中流动人口当年收入作为流动后的收入作为对比。

图 3-2 表示了 2011 年流动人口收入的核密度（kernel density）。收入的 JB 正态检验 p 值趋于 0，拒绝收入分布为正态分布的零假设。总体收入（左图）核密度分布的偏度系数为 3.99，分布右偏，说明中低收入家庭占多数，收入集中于 2000 ～ 6000 元。从低学历与高学历人群的收入核密度图（右图）可以看出，受教育程度较低劳动力的收入核密度分布更加右偏，集中在 1000 ～ 5000 元，受教育程度较高劳动力的收入集中在 6000 ～ 15000 元，尤其在 8000 ～ 15000 元收入差距明显。

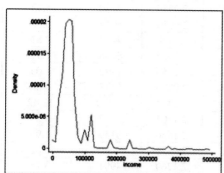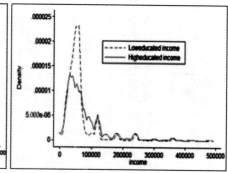

图 3-2 收入核密度（Kernel density）分布

3.4 计量检验及分析结果

从图 3-1 我们可以看到，分省的 Gini 系数中，云南省的 Gini 系数最高，为 0.5048；北京市的 Gini 系数最低，为 0.2418；从总体上看，西部地区的 Gini 系数高于中东部地区，人均 GDP 高的地区 Gini 系数比较低。

表 3-2 描述了按流动人口的户籍所在地划分的迁移意向，其中香港、

澳门、台湾由于样本量太少给予删除，兵团样本并入新疆。

表3-2 迁移意愿及迁移比例

地区	不愿意	没想好	愿意	均值	样本数	所占比例（%）
北京	42.39	28.26	29.35	1.8696	92	0.06
天津	30.18	21.89	47.93	2.1775	169	0.11
河北	19.67	26.09	54.24	2.3457	5413	3.41
山西	23.01	24.7	52.29	2.2928	3712	2.34
内蒙古	27.16	22.73	50.11	2.2295	3947	2.49
辽宁	16.33	21.44	62.23	2.459	2388	1.51
吉林	22.98	27.89	49.14	2.2618	4113	2.59
黑龙江	17.93	20.16	61.91	2.4398	6398	4.04
上海	41.46	31.71	26.83	1.8537	82	0.05
江苏	17.11	19.59	63.29	2.4616	6849	4.32
浙江	31.51	23.54	44.95	2.1344	4338	2.74
安徽	24.99	22.09	52.92	2.2793	14739	9.30
福建	22.85	25.4	51.75	2.289	4342	2.74
江西	27.6	30.72	41.68	2.1408	7279	4.59
山东	19.72	21.19	59.09	2.3937	7621	4.81
河南	22.08	26.91	51.01	2.2893	12930	8.16
湖北	24.75	26.94	48.31	2.2356	8130	5.13
湖南	29.93	31.04	39.04	2.0913	8912	5.62
广东	17.38	24.34	58.28	2.409	4453	2.81
广西	24.77	29.61	45.61	2.2082	4606	2.91
海南	27.93	32.58	39.49	2.1156	1722	1.09
重庆	34.99	27.96	37.05	2.0206	6113	0.00
四川	29.51	26.24	44.25	2.1474	13579	12.42
贵州	27.61	28.74	43.65	2.1604	5122	3.23
云南	26.99	29.66	43.35	2.1636	3149	1.99
西藏	16.3	23.68	60.02	2.4372	988	0.62
陕西	26.41	29.49	44.1	2.1769	4991	3.15
甘肃	21.35	26.26	52.39	2.3104	6347	4.00
青海	20.78	26.47	52.74	2.3194	1968	1.24
宁夏	16.13	22.28	61.59	2.4546	2312	1.46
新疆	15.05	25.07	59.87	2.448	1747	1.10

数据来源：2012全国流动人口动态监测数据（2012）。

将"愿意""没想好""不愿意"分别赋值为3、2、1，取加权平均值。可以看到，来自江苏、辽宁、宁夏、新疆、黑龙江等省份的流动人口有着非常高的迁移意愿。从省际层面来看，江苏省的迁移倾向最高，其次是辽宁省，迁移倾向最低的省份是北京、上海、重庆。值得一提的是，同样来自经济发达地区的广东省的流动人口迁移倾向较高，达到 2.409，这可能与当地居民省内流动较为频繁有关。

从流动人口占总流动人口比例来看，四川、安徽、河南、湖南、湖北为人口迁出大省，占所调查流动人口的比例分别为 12.42%、9.3%、8.16%、5.62%、5.13%，而由于拥有得天独厚的经济社会资源，流出最少的省（市）为上海、北京、天津，所占比例分别为 0.05%、0.06% 以及 0.11%。

高技能劳动力与低技能劳动力有着不同的移民动机，我们将总样本按受教育水平分为 7 个组，分别是未受教育组、小学组、初中组、高中（中专）组、大专组、本科组以及研究生组。

3.4.1 个人特征对人口迁移倾向的影响

个人特征对人口迁移的影响，具体情况如表 3-3 所示。

表 3-3 迁移意愿的 OPROBIT 估计结果

变量名	（1）全部样本	（2）未上学	（3）小学	（4）初中	（5）高中	（6）大专	（7）本科	（8）研究生
迁入地 TFP	3.213***	2.687***	1.991***	3.020***	4.556***	6.252***	13.54***	35.46***
	（20.55）	（3.16）	（5.84）	（13.71）	（12.28）	（7.96）	（10.61）	（5.23）
迁出地 TFP	−3.183***	−7.427***	−3.801***	−1.229***	−2.954***	−2.412**	−7.27***	−17.9***
	（−13.64）	（−6.54）	（−7.48）	（−3.56）	（−5.29）	（−2.23）	（−4.71）	（−3.42）
迁入地就业率	−0.62***	−1.549***	−1.035***	−0.586***	−0.273***	−0.159	−0.334	−3.220**
	（−18.29）	（−7.63）	（−12.86）	（−12.63）	（−3.35）	（−0.99）	（−1.29）	（−1.98）
迁入地 Gini	−2.989***	−2.368***	−2.595***	−3.011***	−2.966***	−2.586***	−1.32***	4.322**
	（−43.94）	（−4.73）	（−14.70）	（−32.22）	（−19.53）	（−8.94）	（−2.95）	（1.97）
年龄	0.028***	0.0142	0.0260***	0.0272***	0.0439***	0.0861***	0.0326	0.126
	（9.54）	（0.62）	（3.17）	（6.49）	（6.55）	（5.46）	（1.17）	（0.83）
年龄平方	−0.0004***	−0.0001	−0.0004***	−0.0004***	−0.0006***	−0.0013***	−0.0007*	−0.0017
	（−11.10）	（−0.65）	（−4.02）	（−7.23）	（−7.24）	（−6.14）	（−1.81）	（−0.88）
性别	−0.0308***	0.154***	0.0346*	−0.0183**	−0.0814***	−0.114**	−0.0595	0.0557
	（−4.55）	（2.81）	（1.87）	（−1.97）	（−5.49）	（−4.08）	（−1.43）	（0.31）
婚姻状态	−0.0205*	0.00836	−0.154**	−0.0381**	−0.0150	0.0471	0.248***	−0.0691
	（−1.87）	（0.08）	（−3.60）	（−2.38）	（−0.71）	（1.32）	（4.85）	（−0.32）
流动范围	−0.0245***	−0.0283	−0.0161	−0.0229***	−0.0383***	−0.0142	0.0326	−0.0831
	（−5.18）	（−0.63）	（−1.18）	（−3.62）	（−3.82）	（−0.71）	（1.06）	（−0.48）
流入时间	0.0323***	0.0393***	0.0304***	0.0321***	0.0322***	0.0224***	0.028***	0.0253
	（41.49）	（8.14）	（17.44）	（30.31）	（17.40）	（5.60）	（4.36）	（0.95）

续表 3-3

变量名	（1）全部样本	（2）未上学	（3）小学	（4）初中	（5）高中	（6）大专	（7）本科	（8）研究生
户籍	−0.122***	−0.343**	−0.0671	−0.109***	−0.102***	−0.0683**	−0.116**	0.288
	（−12.25）	（−2.57）	（−1.48）	（−6.64）	（−5.89）	（−2.45）	（−2.47）	（0.88）
Log 家庭月收入	0.0263***	−0.118***	−0.0207	0.0214**	0.0313**	0.0957***	0.0591	−0.139
	（4.28）	（−2.66）	（−1.31）	（2.53）	（2.30）	（3.53）	（1.46）	（−0.93）
医疗保险	0.128***	0.0627	0.0593**	0.122***	0.0851***	0.142***	0.232***	0.332
	（14.63）	（0.64）	（1.98）	（9.48）	（5.15）	（4.99）	（5.30）	（1.64）
Log 支出	0.0394***	0.0288	0.0317***	0.0339***	0.0427***	0.0631***	0.077***	0.111*
	（14.57）	（1.32）	（4.08）	（9.15）	（7.59）	（5.85）	（4.95）	（1.86）
周工作时间	−0.002***	−0.003**	−0.001	−0.002***	−0.003***	−0.0028***	−0.004**	0.0017
	（−12.02）	（−2.57）	（−1.57）	（−6.82）	（−6.77）	（−2.85）	（−2.50）	（0.18）
受教育年限	0.0148***							
	（10.66）							
N	132714	2284	17970	70952	28478	8444	4273	313
Log likelihood	−12201.5	−2203.511	−18279.6	−72682.398	−28242.05	−7621.064	−3289.0	−181.85
Pseudo R^2	0.0312	0.0632	0.0328	0.0336	0.0407	0.0596	0.1163	0.1945

注：*** 表示在 1% 水平上显著，** 表示在 5% 水平上显著，* 表示在 10% 水平上显著。括号内为 t 值，本表未给出常数项，R^2 为伪 R^2。

由上表可知：

第一，从年龄上来看，年轻人更倾向于迁移。根据以往的文献，年轻、高学历、单身的男性通常是迁移倾向最活跃的人群（Massey，1993，Ghatak et al，1996）。在模型（1）—模型（8）中，从个人特征来看，我国迁移劳动力中最活跃的人群为年长、未婚、女性，所有变量都高度显著，但与以往文献预测不一致，主要体现在迁移意愿与年龄、性别的关系上。由于本次调查对象主要集中在 20—45 岁年龄段的人群（占样本量的83.22%），所以我们仍然可以认为年轻为迁移意愿的影响因素。

第二，女性比男性更倾向于迁移。我国女性的迁移意愿高于男性，可能是因为女性结婚或生育对其工作、生活区域的影响要大于男性；其次，女性比男性更可能由于另一方的工作或生活变动而改变自己的工作、生活区域；综上所述，在流动性上，女性比男性更倾向于迁移。

第三，流动范围、流动时间、户籍状况都是劳动力迁移倾向变化的影响因素。迁移距离越远，劳动力的迁移倾向越小；迁入所在地的时间越长，外来劳动力更倾向于选择长期留在迁入地；同时我们可以看到来自于户籍为"农业"的流动人口与迁移意愿呈负相关，由此可以看出户籍制度依然是影响农民工就业、生活地选择的制约因素（刘家强，2011）。

第四，受教育年限与迁移倾向呈显著的正相关关系。从模型（1）的结果可以计算出受教育年限对迁移倾向的边际效果分别为 –0.0044、–0.0013、0.0057，即受教育年限每增加一年，劳动力选择"不愿意"迁入本地的概率将下降 0.0044，劳动力选择"不清楚"的概率将下降 0.0013，选择"愿意"的概率将增加 0.0057。

第五，收入、福利以及工作环境来与迁移意愿呈正相关关系。家庭收入越高的外来劳动力更倾向于迁入所在地；由于高收入人群往往消费能力更强，所以支出变量与迁移倾向也呈正相关关系；从能否享受与当地人一样的医疗保险所代表的社会福利变量来看，社会福利的完善程度能刺激外来劳动力迁入本地的意愿。总的来看，以上结论与我们的直观感受一致。

第六，迁入地的全要素生产率越高，随着受教育年限的增长，外来劳动力会更倾向于迁往生产率高的地区。从估计结果可以看出，未接受教育的劳动力估计系数为 2.69，接受过高中教育的劳动力该系数上升到 4.56，而受过大学本科教育的劳动力则进一步增长到 13.54，学历为研究生的外来劳动力该系数则为 35.46，几乎为只接受过小学教育劳动力的 18 倍，尽管该系数的对比不等同于相对迁移概率的数值，但可以反映不同受教育水平的劳动力对某地区整体劳动生产率水平对迁移倾向的影响存在巨大差异。该影响同样可以从迁出地的全要素生产率系数中获知，模型（2）至模型（8）迁出地整体生产率系数均为负值，说明迁出地的生产率越低，当地劳动力越容易流失。

第七，外来人口就业率越高的地区，外来劳动力反而越倾向于"不愿意"成为该地的户籍人口。原因在于就业率越高，说明当地同质劳动力之间竞争越激烈，劳动力市场处于卖方市场，从而选择回流迁出地。从不同学历人群来看，小学及以下与研究生学历的外来劳动力对同质劳动力竞争较为敏感，其估计系数分别为 –1.55、–1.04 以及 –3.22，而具有高中或大学学历的外来劳动力则相对更能接受这种竞争，其估计系数为 –0.59、–0.27 及 –0.16，其中大专与本科的迁移倾向与迁入地外来劳动力就业率之间的关系并不显著，原因可能是高校的连续扩招，使大学生就业率偏低，且大学生就业带有一定盲目性，大环境下的就业形势已经不再是大学生择业地点的考虑因素之一。

　　第八，地区与地区之间的收入分布水平也是影响外来劳动力永久性迁移的因素之一。受教育程度较低的劳动力"厌恶"收入差距大的地区，而受教育程度高的劳动力对收入差距较大的地区有着显著的偏好。从估计结果可以看出，从初中到大学本科学历的外来劳动力，迁入地收入 Gini 系数越高，学历越高的劳动力越会倾向于选择永久性迁到所在地，其估计系数分别为 –3.01、–2.97、–2.59、–1.32，而具有研究生学历的劳动力的估计系数为 4.32，由此可以看出具有研究生学历的劳动力具有主动迁移动机。

　　这说明在我国具备研究生学历的人群，其选择机制与大学及以下的人群已经有了显著差异。

3.4.2　就业环境对人口迁移倾向的影响

　　表 3–4 描述了按收入变量分组的回归结果。为更能说明收入水平对迁移倾向的影响，本处使用的收入数据为家庭月收入变量，原因在于如果家庭收入水平高而个体收入水平低，该个体选择永久性迁入本地的可能性仍然会比较大，因此，用家庭收入变量替代个人收入变量引入模型更合理。模型（9）为收入分布最低 5% 的外来劳动力，其平均月工资为 1500 元及以下；模型（10）为收入分布中占 6% ~ 50% 的人群，其月收入水平为 1500 ~ 4000 元；模型（11）为收入分布中 51% ~ 95% 的人群，其家庭月收入水平为 4000 ~ 10000 元；而模型（12）则是占收入最高的 5% 人群，其家庭月收入水平为 10000 ~ 30000 元。

表 3-4　加入收入因素的迁移意愿 OPROBIT 估计结果

变量名	（9）收入 0～5%	（10）收入 6%～50%	（11）收入 51%～95%	（12）收入 96%～100%
迁入地 TFP	3.043***	3.495***	3.080***	1.136*
	（4.32）	（13.67）	（13.57）	（1.86）
迁出地 TFP	−6.035***	−3.334***	−1.924***	−4.494***
	（−6.43）	（−9.66）	（−5.15）	（−3.89）
迁入地就业率	−0.883***	−0.812***	−0.404***	0.318*
	（−8.05）	（−15.97）	（−7.28）	（1.91）
迁入地 Gini	−2.315***	−2.513***	−3.410***	−4.588***
	（−9.23）	（−24.40）	（−32.22）	（−14.34）
年龄	−0.00332	0.0301***	0.0322***	0.0370**
	（−0.30）	（7.09）	（6.31）	（2.24）
年龄平方	−0.0000281	−0.000445***	−0.000493***	−0.000535**
	（−0.20）	（−7.92）	（−7.37）	（−2.50）
性别	−0.0537*	−0.00597	−0.0423***	−0.00501
	（−1.95）	（−0.61）	（−3.79）	（−0.15）
婚姻状态	0.0862	−0.0649***	−0.0138	0.0512
	（1.64）	（−4.04）	（−0.80）	（0.84）
流动范围	−0.0264	−0.0322***	−0.0102	0.0462*
	（−1.43）	（−4.62）	（−1.38）	（1.94）
流入时间	0.0317***	0.0303***	0.0302***	0.0303***
	（11.33）	（25.53）	（24.94）	（8.95）
户籍	−0.0481	−0.0954***	−0.120***	−0.111***
	（−1.08）	（−6.25）	（−8.00）	（−2.64）
Log 月收入	−0.0287	−0.0536**	0.198***	0.108***
	（−0.67）	（−2.16）	（8.99）	（2.95）
医疗保险	0.0889*	0.114***	0.148***	0.269***
	（1.82）	（8.93）	（11.15）	（5.80）
Log 支出	0.0140	0.0793***	0.102***	0.0812***
	（0.72）	（10.93）	（12.91）	（3.70）
周工作时间	−0.00215***	−0.00226***	−0.00262***	−0.000418
	（−3.16）	（−7.36）	（−8.33）	（−0.47）
受教育年限	−0.00242	0.0133***	0.0140***	0.0257***
	（−0.47）	（6.49）	（6.32）	（3.87）
N	7936	59980	56350	6498
Log likelihood	−8013.6158	−61545.406	−55393.294	−5576.8929
Pseudo R²	0.0324	0.0302	0.0503	0.0923

注：*** 表示在 1% 水平上显著，** 表示在 5% 水平上显著，* 表示在 10% 水平上显著。括号内为 t 值，本表未给出常数项，R^2 为伪 R^2。

估计结果总体上与模型（1）—（8）一致，但能从收入角度得出更详细结论。

首先，从劳动力个人特征来看，低收入人群的年龄变量与迁移倾向呈负相关关系。说明低收入人群年龄越大，越倾向于"逃离"所在地；而中高收入人群随着年龄的增长，会偏向于留在迁入地。从性别与迁移倾向的关系来看，与表 3-3 类似，随着学历的提高，收入的上升，性别变量与迁移倾向之间的关系会变得不再显著，即性别不再是影响迁移的因素。同样，婚姻状况在收入较高的 50% 的外来劳动力中也不再与迁移倾向有着显著的相关性，结婚与否不再影响外来劳动力的迁移倾向。从流动范围来看，随着收入水平的上升，迁移距离与迁移意愿的关系由负相关关系转变为正相关关系，原因在于收入水平较高的人群往往具有较高的受教育水平，有着更高的人力资本，迁移的相对成本对这部分人来说会随着收入的上升而减小，人们更乐于跨省搜寻工作机会，以期获得更好的报酬。

其次，从收入状况来看，低收入人群（0 ~ 50%）的收入与迁移意愿呈负向关系，而高收入人群的收入与迁移意愿呈正向关系。原因可能在于月收入低于 4000 元的家庭，其收入与劳动时间呈正比，与工作环境呈反比，大幅增加的劳动时间以及恶劣的工作环境都会引致外来劳动力回流迁出地。此外，医疗保险、消费水平以及劳动时间的估计结果与表 3-3 类似，本处不再赘述。

再次，全要素生产率的估计系数与前文估计结果类似，不管收入高低，劳动力更倾向与迁往整体生产率水平高的地区；而迁出地的生产率水平则是劳动力流失的因素之一。值得注意的是，不管收入水平如何，外来劳动力都希望迁入地的收入差距水平缩小，而且随着收入水平的上升，这种期望会越强烈。看上去这种结果与 Borjas（2001）的理论相悖，但却是由我国劳动力迁移现状决定的，按本书的测算，收入 Gini 系数最小的 5 个省（市）别为北京、新疆、上海、天津以及广东，而这 5 个省（市）都是劳动力迁入大省（市），同时，由于这 5 省（市）巨大的资源优势，包括自然资源、人力资源，更容易催生以及吸引高收入群体。

最后，从外来人口就业率角度看，总体上各个收入层级的劳动力都会选择就业环境更宽松的地区，而收入最高的 5% 的劳动力群体却倾向于迁移到就业竞争较激烈的地区，与常规不符，通过对数据分组可以发现，收入最高的 5% 人群中，单位性质为个体工商户与私营企业所占比例最高，分别占 59.68% 以及 20.55%，通常从事的行业为批发零售与住宿餐饮，分别占收入最高人群的 38.55% 与 11.05%。由此可见，由于进入门槛通常比较低，所以这些低端服务业通常面临激烈的竞争，然而由于所在地的市场通常比较大，以及正向外部效应的存在，这些竞争程度激烈的劳动力仍然更倾向与迁移到所在城市。

总之，虽然有序 Probit 模型的系数并不是只有一种解释，但可以确定的是，收入差距、整体劳动生产率与外来劳动力就业率与迁移倾向之间有着显著的相关性。从表 3-3 可以看出，典型的易于迁移主体是年轻且单身的女性。以这种基准来看（假定年龄为 30 岁），可以看到随着年龄的增大，无论是高学历还是低学历单身流动人口，都会更倾向于永久性居住在所在地区。此外，外来劳动力家庭平均收入水平与迁移倾向呈正相关关系，即家庭收入越高，居民的迁移率越高；迁入地社会福利程度越高，人们更倾向于迁往福利较好的地区，而且随着学历的上升，这种趋势会越加明显；劳动时间长短也是影响劳动力迁移的因素之一，不同教育组对劳动时间的表现基本一致。

在我们的 Gini 系数值域范围内，高技能个体通常有着更强烈的迁移倾向，因此，尽管收入差距有所平缓，也不会对这种倾向产生更大的影响。为了得到进一步的结果，我们估计了 Gini 系数对迁移倾向的边际效应。如其他条件不变，Gini 系数上升 10% 会降低迁移倾向的 1.5%。而对选择"没想好"或"不愿意"的个体来说，会降低其 1% 的迁移倾向。此外，虽然地区的全要素生产率对迁移意愿的影响在不同教育组之间存在较大差异，但总的来看，劳动力都倾向于迁往劳动生产率更高的地区。

3.5 本章小结

本章基于 2012 年中国流动人口动态监测数据对流动人口迁移意愿进行实证分析，主要目的在于证明外来劳动力迁移意愿与地区收入差距、整体劳动生产率以及就业率的关系，主要得出以下结论：

第一，分析结果表明，地区间迁移意愿的自选择的确是可以预见的，首先，高技能劳动力会倾向于迁移到技能溢价比较高的地区，即收入差距比较大的地区，与其它研究的结论不同之处在于，我国主动自选择行为在受教育程度为研究生阶段才会发生，而受教育程度为大学本科及以下的劳动力还是比较愿意迁移到收入差距比较小的地区，如北京、上海、天津、新疆等地，尽管这些地区经济发展程度不同。其次，受教育程度对迁移倾向有着持续的正向激励作用，受教育程度较高的人群倾向于迁往技能溢价较高的地区，如果迁移的机会成本低于高技能所有者迁移后的收益，在收入差距较大的地区，主动的自选择机制仍然会发生，但这种主动的自主选择会逐渐弱化。然后，我们还观察到尽管收入差距不断扩大会弱化主动的自选择，但高素质个体仍然有足够的迁移动机。从模型（1）的结果可以计算出，受教育年限对迁移倾向的边际效果分别为 –0.0044、–0.0013、0.0057，即受教育年限每增加一年，劳动力选择"不愿意"迁入本地的概率将下降 0.0044，劳动力选择"不清楚"的概率将下降 0.0013，选择"愿意"的概率将增加 0.0057。因此，我们可以预见，在收入差距大的地区，主动的自选择总是存在的。

第二，从劳动生产率的角度来看，由于技术的溢出效应以及技能偏向型技术进步的存在，在全要素生产率更高的地区，高技能劳动力得到高收益的概率会上升，因此受教育水平不同的外来劳动力均更倾向于迁往社会全要素生产率比较高的地区，且这种倾向会随着受教育程度的上升而增加。同时还能从回归结果看到迁出地的全要素生产率与迁移意愿呈负相关关系。

第三，从外来劳动力就业率与迁移意愿的关系来看，整体上外来劳动力"厌恶"劳动力市场竞争，劳动力市场竞争越激烈，外来劳动力选择永久性居住在所在地的意愿会越低。然而，通过观察不同收入阶层的估计结果可以发现，处于收入分布最高的 5% 群体却倾向于迁移到就业竞争激烈的地区，原因在于该群体就业单位性质为个体工商户与私营企业占最高收入总人数 80.23%，这部分人通常所从事的行业为批发零售与住宿餐饮，分别占收入最高人群的 38.55% 与 11.05%。由此可见，低端服务业的从业人员面临激烈竞争的同时，又更倾向于迁往市场比较大，且存在正向外部效应的地区。

在这种背景下，可以看出到底是哪种因素影响着迁移的区位选择及高素质劳动力的供给。收入差距大的地区的劳动力通常是被动型自选择个体，那么收入相对均等的地区将会特别吸引高技能劳动力，不管收入水平的高低。这对可以自由迁移的地区来说具有重要意义，通常收入差距较小的地区，如北京、上海，将会吸引大量高技能劳动力，而低技能劳动力则会迁往收入差距较大且平均收入水平较高的地区，而随着收入差距的继续扩大，低技能劳动力将会降低迁移意愿。

这个结论对试图解决"用工荒"现象、提高区位就业吸引力的省份和地区政策制定者有着重要的参考价值：首先，充分利用收入杠杆引导流动人口迁移。发挥地区资源禀赋优势，缩小区内收入差距，积极出台惠民政策，大力发展县域经济，广开就业渠道，提升本地区对流动人口的吸引力，实现劳动力就地、就近转移。其次，积极营造流动人口融入所在地的制度环境。打破制约流动人口在工作地、生活地长期居住的制度约束，加快户籍改革步伐，进一步降低流动人口在就业、教育、医疗等方面的门槛。同时，建立技能遴选机制，重点加强职业技能培训，构建多元化梯次培训机构，提高劳动力的平均技能水平。

第4章 外来劳动力对城市就业的影响

本章以 2013 年中国流动人口动态监测数据为基础，分析外来劳动力对流入城市不同组群的本地劳动力就业效应。结果发现，外来劳动力对城市本地劳动力的就业率存在一定的负向影响，但由于行业隔离的存在，总体影响很小；受教育程度较高的城市劳动力更容易受到外来劳动力冲击，进入门槛较高的行业受到的影响也在逐步扩大。同时，当期外来劳动力与前期进入的外来劳动力之间存在较高的替代性。建议完善就业市场机制时，应在劳动力组群细分的基础上制定更有针对性的配套措施。

4.1 引言与文献回顾

改革开放 30 多年来，随着经济以及城镇化的快速发展，城市原有的户籍人口远远不能满足经济发展的需要，同时，基本公共服务均等化、流动人口服务管理、户籍管理制度改革、城镇化规划等一系列政策的出台，劳动力市场的二元结构有所弱化，引致大量农村剩余劳动力向经济较发达地区转移，势必对城市本地劳动力就业市场产生重要影响。

我国的经济发展史就是一部人口迁移史，根据蔡昉（1999）的估计，劳动力的乡城转移对 GDP 增长的贡献率达到 21%。然而，从就业的角度来说，由于我国户籍制度与城市偏斜政策长期以来并未随着经济社会的发展而变革，因此，地方政府通常会根据外来劳动力对本地就业市场的影响制定流动人口政策，正确评估外来劳动力对本地劳动力就业的影响具有重要意义。本书的研究目在于通过对不同劳动力群组的细分，估计外来劳动力对城市劳动力就业的影响，并通过与已有文献的对比，观察在不同群组之间这种影响力的变化程度。

关于外来劳动力对城市就业市场的影响，已经有大量文献做出了论述，可以归纳为以下两个方向：第一，外来劳动力的迁入对城市劳动力市场的影响是中性的，即并不会损害本地劳动力的就业机会，即使是低技能的本地劳动力。一系列的研究运用不同城市的本地居民工资、就业率、失业率数据论证了这个观点。Card（2000）利用美国 1990 年的人口普查数据得出外来劳动力的迁入对本地劳动力的失业率并不存在影响。同时，国内的学者也得出相似结论，汪晓银和黄宁阳（2010）运用改进的异质生产要素模型研究外来劳动力对城市就业率的影响，发现两者主要表现为互补性，得出外来劳动力与城镇本地劳动力之间总体上是相容的结论。因此，一些相对发达城市出台限制农民工进城的政策是没有依据的。刘学军与赵耀辉（2009）利用 2005 年 1% 人口抽样调查数据，研究了外来劳动力对城市本地劳动力就业率的影响，并发现外来劳动力对本地劳动力就业率具有统计上显著的负向作用，但影响非常小。第二，Borjas、Freeman 以及 Katz（1992，1996），Borjas（1997）等学者认为前期关于外来劳动力对城市本地就业市场影响的研究方法存在较大的缺陷：① 城市外来劳动力的增加并不意味着低技能劳动力的增加；② 由截面数据得出外来劳动力与本地就业率的相关性，可能会由于本地劳动力的需求冲击对就业率的影响而产生偏误；③ 长期来看，运用特定城市的数据人口迁移可能会混淆城市间正常的要素流动。鉴于此，Borjas、Freeman 和 Katz 主张使用理论模型来推导外来劳动力对本地劳动力就业机会的影响。Borjas、Gerge 和 Freeman（1997）通过研究发现，外来劳动力会对流入地居民产生挤出效应，这种影响对低学历人群以及低收入人群尤其明显。杨云彦（2001）在对武汉城乡劳动力市场调查后发现，城市本地劳动力与外来劳动力是一种竞争关系，而且这种竞争主要发生在低学历、低技能劳动群体之间，而且外来劳动力对本地劳动力市场的"挤压"现象会日益严重。何雄（2005）运用湖北省不同规模等级城市数据，得出与杨云彦相似的结论，即外来劳动力与本地劳动力在经历互补阶段、不完全替代阶段后，逐步转变为替代关系，最终随着外来劳动力整体素质的提高，与城市本地劳动力直接竞争。

此外，一些学者对外来劳动力对本地劳动力就业的影响进行了更为细致的划分。黄春燕（2011）使用中国劳动统计年鉴的数据研究发现，外来劳动力与本地劳动力之间是替代抑或互补关系，不同行业之间存在差异性，其中基础农业如农林牧渔，低端服务业如批发和零售业，以及高端产业如信息、计算机和软件业，租赁和商务服务业等行业，外来劳动力的进入会导致城市本地劳动力就业量的下降，存在显著的替代关系。张兴华（2005）将劳动力市场细分为两类，研究结果表明，外来低学历劳动力与一类劳动力市场上的本地劳动力呈不完全替代关系，而且会提高一类劳动力市场的就业率；在二类劳动力市场上，本地劳动力就业率不仅与外来劳动力的替代效应相关，还与其规模效应相关，就业率的高低取决于两类效应的加总。黄瑞芹和王德文（2007）通过计算城市本地人口与外来人口的隔离指数、职业分布指数以及职业获得指数发现，市场机制是职业排斥的主要原因，而人力资本和社会资本因素的作用较小。

可以看到，由于大规模普查资料中就业、收入方面的数据不完善（如中国人口普查数据），目前研究中国劳动力市场的学者大多关注的是低学历、低技能的农民工群体在城市劳动力市场上所遇到的问题以及受到的歧视，或者城乡劳动力市场分割对社会、经济所造成的影响（李强等，2002；Chang，2002；Liu，2004；樊小刚，2003）。运用全国范围的调查数据研究人口迁移对就业市场特别是城市劳动力市场的实证研究尚是空白。在已有的国外文献中，主要关注的是国际移民对本地劳动力市场的影响（Lalonde, & Topel, 1991；Goldin, 1994；Card, 2001；Borjas, Freeman, & Katz, 1992, 1996；Borjas, 1997）。而中国由于长期的二元经济结构以及劳动力市场城乡分割，劳动力的流动特征与转移规模明显异于西方国家，所以国外的研究结果对于中国的人口政策制定并没有实际意义。但是，Card 与 Borjas 等人的理论模型与实证框架却为我们提供了值得借鉴的方法。

由于全国流动人口动态监测数据从 2013 年才展开城市户籍人口的调查，只能通过截面数据进行分析，因此在解释外来劳动力对城市本地劳动力就业的动态影响方面存在一定缺陷。本书主要借鉴 Card（2001）的研究框架，研究不同教育组、不同行业的外来劳动力与城市当地劳动力就业之间的关系。与已有研究相比，本部分的研究主要有三个方面的优势：第一，调查人口的样本量更大，从而估计出的结果更稳健；第二，大部分文献以地级市为研究框架，本书通过对区（县）一级的数据进行分组，得出的结论更为合理；第三，通过选取合理的工具变量最大限度地消除了模型的内生性，使估计结果更为稳健。

本书的第二部分介绍本章的理论模型与实证模型设定；第三部分简要介绍所使用的数据；第四部分展示实证模型的估计结果以及对结果进行的分析；第五部分为本章的主要结论。

4.2 理论分析框架及计量模型设定

4.2.1 理论分析框架

要分析不同技能组的劳动力供给对城市劳动力市场的影响，Card（2001）假设每个城市只有一种产业。城市 c 的产出 Y_c 为

$$Y_c = F(K_c, L_c) \tag{4-1}$$

式中，K_c 为资本要素，L_c 为 CES 生产函数中劳动力要素集，L_c 由具有不同技能（教育）水平的劳动群组 N 构成，其中 $j=1, 2, \cdots, j$。

$$L_c = \left[\sum_j (e_{jc} N_{jc})^{\frac{\sigma-1}{\sigma}} \right]^{\frac{\sigma}{\sigma-1}} \tag{4-2}$$

假设短期内每个劳动者的技能水平都不同，而劳动时间都相同，则 N_{jc} 衡量的是城市 c 中技能（本书为受教育水平）群组 j 所包含的劳动力数量。

变量 e_{jc} 代表了城市 c 中技能组 j 所带来的生产率冲击，参数 σ 则代表了不同技能群组之间的替代弹性。W_{jc} 表示城市 c 中技能组的工资率，q_c 为城市 c 产出商品所售价格，从而由各技能组的边际产出等于其真实工资可以得出

$$\ln_s N_{jc} = \theta_c + (\sigma - 1)\ln e_{jc} - \sigma \ln w_{jc} \qquad (4\text{-}3)$$

式中，$\theta_c = \sigma \log[q_c F_L(K_c, L_c) L_c^{1/\sigma}]$，表示城市 c 中影响所有技能组劳动力的其他因素集合。

设 P_{jc} 为群组 j 中的个体数量，劳动供给函数为对数线性方程，则有

$$\ln(N_{jc}/P_{jc}) = \varepsilon \ln w_{jc} \qquad (4\text{-}4)$$

式中，$\varepsilon > 0$。由式（4-2）和式（4-3）可得城市 c 中群组 j 的就业率：

$$\ln(N_{jc}/P_{jc}) = \varepsilon / (\varepsilon + \sigma)\{(\theta_c - \ln P_c) + (\sigma - 1)\ln e_{jc} - \ln(P_{jc}/P_c)\} \quad (4\text{-}5)$$

式中，P_c 为城市 c 的总就业人口。由上式可知城市的就业率主要取决于三个方面的因素：劳动力结构因素 θ_c、城市 – 技能生产率因素 e_{jc} 以及各技能组中相对人口因素 P_{jc}/P_c。CES 生产函数形式意味着每个技能组的相对工资仅仅取决于该群组所占人口比例及其生产率因素。

式（4-5）为本书实证模型设定的依据。Card（2001）进一步假设生产率因素可以分解为

$$\ln e_{jc} = e_j + e_c + e'_{jc} \qquad (4\text{-}6)$$

式中，e_j 为技能组 j 的一般效率，e 为城市 c 的效率，e'_{jc} 代表了城市 – 技能交叉效率。设 $f_{jc} = P_{jc}/P_c$，代表技能组 j 的劳动人口占城市 c 总人口的比重。则式（4-5）可以改写为

$$\ln(N_{jc}/P_{jc}) = v_j + v_c + d_1 \ln f_{jc} + v_{jc} \qquad (4\text{-}7)$$

估计系数 d_1 为替代弹性系数；$d_1 = \varepsilon / (\varepsilon + \sigma)$。$v_j$、$v_c$ 为技能 – 城市固定效应，v_{jc} 为不可观测的误差项，通常与其他因素，如样本误差、模型设定有关。

将城市劳动力进一步分解，具有技能的劳动力由外来劳动力 M_{jc} 与本地劳动力 L_{jc} 组成，即 $P_{jc} = M_{jc} + L_{jc}$。设城市城市中教育水平为的本地劳动力就业率为 E_{jc}/L_{jc} 与就业率 N_{jc}/P_{jc} 呈正相关关系：

$$\ln\left(\frac{E_{jc}}{L_{jc}}\right) = a\ln\left(\frac{N_{jc}}{P_{jc}}\right) \tag{4-8}$$

式中，$a > 0$。同时，将 $P_{jc} = M_{jc} + L_{jc}$ 代入 $f_{jc} = P_{jc}/P_c$，有

$$f_{jc} = \frac{P_{jc}}{P_c} = \frac{M_{jc} + L_{jc}}{P_c} = \left(1 + \frac{M_{jc}}{L_{jc}}\right) \cdot \frac{L_{jc}}{L_c} \cdot \frac{L_c}{P_c} \tag{4-9}$$

于是，由式（4-7）与式（4-9）可得

$$\ln\left(E_{jc}/L_{jc}\right) = v'_j + v'_c + d'_1\ln\left(1 + \frac{M_{jc}}{L_{jc}}\right) + d'_1\ln\left(\frac{L_{jc}}{L_c}\right) + d'_1\ln\left(\frac{L_c}{P_c}\right) + v'_{jc} \tag{4-10}$$

式中，$d'_1 = -\alpha\,\varepsilon\,/\,(\varepsilon + \sigma)$，$\dfrac{M_{jc}}{L_{jc}}$ 为城市 c 教育（技能）水平为 j 的外来劳动力 M_{jc} 与本地劳动力 L_{jc} 比率，$\dfrac{L_{jc}}{L_c}$ 为教育（技能）水平为的本地劳动力所占比重，$\dfrac{L_c}{P_c}$ 为本地人口占总人口比重。可以看到，在教育组 j 中，本地劳动力所占比 $\dfrac{L_{jc}}{L_c}$ 与本地人口占总人口比重 $\dfrac{L_c}{P_c}$ 呈正相关关系，因此，可以将式（4-10）改写为如下形式：

$$\ln\left(E_{jc}/L_{jc}\right) = v''_j + v''_c + d'_1\ln\left(1 + \frac{M_{jc}}{L_{jc}}\right) + d'''_1\ln\left(\frac{L_{jc}}{L_c}\right) + v''_{jc} \tag{4-11}$$

从上文的分析可以看到，城市 – 技能效率变量 e_{jc} 包含了城市层面的各种效率变量，但技能组的生产率冲击包含在误差项中。进一步分析可以看到，当技能组的生产率面临技术冲击将会提升（降低）当地工资水平，进而导致特定技能组外来劳动人口数量增加（减少），因而式（4-7）中的误差项与 f_{jc} 存在相关性，系数 d''_1 的估计值将会产生内生性偏差。解决内生性的主要办法是引入工具变量，文献中通常找寻空间地理信息、气候等与劳动力市场没有直接关系的外生变量作为工具变量（Lorentzen et al.，2008）。本书的内生性问题可以通过引入与自变量 M_{jc} 相关，但与城市具有教育水平 j 的本地劳动力不相关的工具变量，通过二阶段最小二乘估计方法（2SLS）克服。从以往的文献可以看到，当期人口迁移的目的地选择通常与当地前期外来人口的数量存在强相关性，也就是说，来自相同迁出

地的劳动力通常倾向于流入到相同的迁入地，这种情况同样符合我国人口流动规律。人口迁移的数量还通常与迁移距离有关，因此迁移距离通常被作为迁移数量的工具变量。此外，Borjas（2004）通过研究发现迁出地的生产率与其迁出人口数量存在相关性，高技能劳动力通常倾向于迁往全要素生产率较高的地区，而低技能劳动力通常倾向于留在全要素生产率较低的地区。

4.2.2 计量模型设定

基于以上理论分析，本地居民就业受所在城市劳动力整体特征、劳动生产率、本地劳动力受教育水平、外来劳动力受教育水平，以及外来劳动力占当地总劳动力比例等因素的影响，因此，计量模型可以设定为

$$\ln\left(E_{jc}/L_{jc}\right)=\theta_0+\theta_1 Male_{jc}+\theta_2 Age_{jc}+\theta_3\ln\left(\frac{M_{jc}}{L_{jc}}\right)+\theta_4\ln\left(\frac{L_{jc}}{L_c}\right)+\varepsilon \quad (4\text{-}12)$$

式中，$Male_{jc}$ 为城市 c 中教育水平为的本地劳动力的男性比例，Age_{jc} 为城市中教育水平为的本地劳动力的平均年龄，M_{jc}/L_{jc} 为受教育水平为 j 的外来劳动力占城市 c 中教育水平为的本地劳动力比重，L_{jc}/L_c 为受教育水平为 j 的本地劳动力占城市 c 总人口的比重，ε 为残差项。

同时，为了消除内生性给模型带来的估计偏误，引入工具变量：前期迁入城市 c 的外来劳动力占该地总人口的比例。之所以引入前期外来人口数量作为工具变量，Borjas 等人认为，城市 c 前期外来劳动力越多，则对本期外来人口吸引力越大，即 M_{jc}/L_{jc} 会越大。该结论能得到本书所使用数据的有力支撑。问卷中题项"目前工作通过何种途径找到"的选择中，通过政府相关部门找到工作的人群比例为 0.41%，社会中介占 3.94%、本地熟人占 5.62%、外地熟人占 4.09%、家人/亲戚占 18.46%、同乡/朋友占 15.24%、网络占 1.69%、传媒广告占 0.23%、招聘会占 3.73%、自主创业占 13.33%、自己找到占 25.61%、其他占 4.05%。由此可见，社会网络仍然是城市外来人口的主要工作搜寻方式。

4.3　变量测算及数据说明

4.3.1　数据来源

本书数据来源于 2013 年全国流动人口动态监测数据库（以下简称 CMDS）中有关居民生活以及社会融合的抽样调查数据。该数据库以 31 个省（市、区）和新疆生产建设兵团 2012 年全员流动人口年报数据位基本抽样框，调查的总样本量约为 19.6 万人，设计的流动人口约 45 万人。调查问卷分为个人问卷和社区问卷两大类，个人问卷包括家庭基本情况、就业居住和医保、婚育情况、生活与感受四个部分；社区问卷包括人口基本状况、社区服务与管理。由于本书主要基于城市外来人口与户籍人口的教育、就业分析框架，故主要使用该数据库中关于社会融合的调查样本。社会融合调查抽样城市为上海市松江区、苏州市、无锡市、武汉市、长沙市、西安市、泉州市、陕西省咸阳市 8 市 75 个区（县）。抽样点分布在东、中、西部地区，所以对本书研究而言，具有比较好的覆盖性与代表性。每个市抽取 2000 名流动人口，1000 名当地户籍人口，其中咸阳市抽取 1000 名流动人口，600 名当地户籍人口。调查的总样本量为外来人口（流动人口）15000 人，本地人口（户籍人口）7600 人，删除无效样本后的外来人口样本量为 14714 人，本地人口样本量为 5744 人，总样本量 20458 人。本数据库与其他调查数据（CHNS、CHIPS）相比，主要优势在于抽样点覆盖范围广，抽样样本量大，不足之处则是社会融合的调查从 2013 才开始涉及，因此并不能得出分群组的伪面板数据，对于解释外来劳动力对城市本地劳动力就业率影响的时间效应方面存在不足。

4.3.2　相关概念的界定

由于所获得的是微观数据，需要后期处理，因此有必要对一些重要概念作出界定，以方便对样本进行科学的选择与处理。

（1）对城市的界定

由于本次调查包含户籍人口的样本抽样点具体到区（县）一级，因此本书所使用的城市数据实际上为 8 个城市中 75 个区（县）的数据，这样既有利于使研究更为深入详细，又能增加研究的样本量。

（2）对行业的界定

CMDS 数据将劳动力所处行业分为 15 类，分别是制造业、采掘业、农林牧渔、建筑业、电煤水生产供应、批发零售业、住宿餐饮业、社会服务业、金融/保险/房地产业、交通运输仓储通信业、卫生体育和社会福利业、教育文化及广播电影电视业、科研和技术服务业、党政机关和社会团体以及其他。

（3）对外来劳动力与本地劳动力的界定

在全国人口普查资料中，对外来人口的定义为户口不在本街道（乡镇）的人口。对本书而言，街道的范围过于狭窄。在全国流动人口动态监测资料中，对外来劳动力的定义为，在流入地居住一个月以上，非本区（县、市）户口的 15—59 周岁的人口。根据这一定义，不同辖区的城市内部迁移人口也被定义为外来人口，而这一定义会高估城市外来人口的规模，如在同一城市的的其他辖区居住但并未办理户口迁移手续的人群，不应该算作外来人口。因此，本书将外来人口定义为，户口在居住城市范围之外的居民。从调查数据中可以看到，劳动力流动按流动方向主要可以分为两类：一类是农村流往城市，该类外来人口称为农村流动人口，或农村—城市流动人口；另一类是城市之间的流动，称为城市流动人口，或城市—城市流动人口。本书中所指的外来人口含义与流动人口一致。

（4）对劳动人口与相对就业率的界定

劳动人口是具备被雇佣潜力的社会人群指称。国际上习惯将劳动人口定义为 16—64 周岁的人口，本书按照国内惯例将劳动人口定义为 15—59 周岁的人口。就业人口是指"最近一周为取得收入而从事了一小时以上劳动，或在职休假、学习、临时停工或季节性歇业未工作"的劳动力。就业率是指就业人口占 16 岁以上总人口的百分比。大部分文献研究劳动力迁移对就业的影响使用的是不同群组的相对就业率，而就业个体受健康、教育等因素影响提供的劳动参与时间又各不相同，因而用就业率衡量实际劳动参与率本身是一个比较模糊的概念。因此，本书参照 Borjas（2003）的方法，用周期（如周、月）内各劳动组的实际工作时间比代替笼统的相对就业率。

（5）城市—教育—经历分组变量

本书按每个城市劳动个体受教育年限将外来以及本地劳动力样本分为不同受教育组，分别为初中（及以下）组、高中（中专）组、大学（含大专、本科及以上）组，并设定其平均受教育年限为 8 年、12 年以及 16 年。在按受教育程度分组的基础上，本书将初中及以下学历的劳动力潜在工作经历（工作年数）定义为实际年龄减去 17，将具有高中学历的劳动力的潜在工作经历定义为实际年龄减去 19，由于大学及以上教育组包含具有硕士学历的劳动力，因此将大学学历劳动力的潜在工作经历定义为实际年龄减去 23。潜在工作经历按五年期可以分为 8 个组（潜在工作时间最大值为 43 年）。相应可以计算出每个城市—教育—经历组的个体特征（年龄、性别等）、就业状态（就业率以及所属部门），以及外来劳动力占本地劳动力比率。

4.3.3　数据描述

（1）城市外来劳动力规模及构成

调查数据显示（见表 4–1）：

表 4–1　2013 年分城市外来劳动力与本地劳动力

城市	区（县）个数	劳动力样本数	所占比例（%）	外来劳动力比例（%）						本地劳动力比例（%）
				总比例	农业户口	非农业户口	县（区）流动	市际流动	省际流动	总比例
长沙市	9	2359	11.53	8.33	86.39	13.61	19.24	73.43	7.33	3.20
泉州市	10	2631	12.86	9.06	94.12	5.88	10.46	15.53	74	3.80
上海市	1	2470	12.74	8.20	79.54	20.45	0	0	100	3.88
苏州市	9	4372	21.37	17.20	87.32	12.68	0.57	26.46	72.97	4.17
无锡市	10	2663	13.02	8.85	93.15	6.85	0.5	29.93	69.57	4.16
武汉市	14	2240	10.94	7.62	89.22	10.78	13.66	62.92	23.41	3.32
西安市	10	2386	11.66	8.19	88.66	11.34	12.41	47.08	40.51	3.47
咸阳市	6	1337	6.54	4.47	89.38	10.61	33.7	29.32	36.98	2.07
全部	69	20458	100	71.92	88.39	11.61	11.32	35.58	53.10	28.08

资料来源：根据 2013 年全国流动人口动态监测数据计算。

第一，城市外来劳动力占多数。外来劳动力所占比例为71.92%，本地劳动力所占比例为28.8%。

第二，外出劳动力主要来自农村。在外来劳动力中，来自农业户口的劳动力所占比例为88.39%，非农业户口的劳动力占11.61%。

第三，被调查城市外来劳动力比例各不相同。从城市来看，8个城市中外来劳动力农业户口比例最高的是泉州市，为94.12%，最低的是上海市，为79.54%。

第四，西部以乡—城流动比例较高，中东部城市以城—城流动比例较高。从8个城市数据来看，东西部城市的乡—城流动比例较高，其中位于西部的城市（西安市、咸阳市）平均比例为89.03%，位于中部的城市（长沙市、武汉市）为87.81%，而位于东部城市（上海市、泉州市、苏州市、无锡市）的该数值为88.54%；从城—城流动比例来看，西部城市的平均值为10.97%，位于中东部城市的该数据分别为12.19%与11.46%。

第五，东部外来劳动力以跨省流动为主，中、西部以省内流动为主。从流动范围来看，我国劳动力迁移的主要形式为跨省迁移，8市平均值为53.1%，其中上海市的外来劳动力几乎都是跨省流动，其次为苏州市（72.97%）。可以看到劳动力的省内流动规模东中西部各不相同：位于中部地区（长沙市、武汉市）的外来劳动力主要来自省内，人口的省内流动频繁，其省内流动比例分别为92.67%与76.59%，同时省际流动比例为7.33%与23.41%；位于西部地区的城市（西安市、咸阳市）省际流动比例分别为40.51%与36.98%；位于东部地区的城市外来劳动力则主要来自外省，均在69.57%以上。

（2）外来劳动力与本地劳动力特征

表4-2给出了8个城市75个区（县）中，外来劳动力与本地劳动力的特征状态。

表4-2　2013年外来劳动力与本地劳动力特征

劳动力类型	外来劳动力		本地劳动力	总体
	农业户口	非农业户口		
样本数（人）	13005	1709	5744	20458
所占比例（%）	63.57	8.35	28.08	100

续表 4-2

劳动力类型	外来劳动力		本地劳动力	总体
	农业户口	非农业户口		
劳动力特征				
平均年龄（岁）	32.49	32.87	37.58	34.31
男性比例（%）	56.95	58.75	58.09	57.93
在婚比例（%）	78.95	80.87	86.94	82.25
教育构成				
初中及以下（%）	68.81	23.23	29.07	53.85
高中（%）	24.73	32.24	31.41	27.23
大学及以上（%）	6.46	44.53	39.52	19.91
平均受教育年限（年）	9.51	12.85	12.42	11.59
劳动力市场特征				
每周工作时间（小时）	60.57	53.38	47.63	53.86
月均劳动收入（元）	3357.62	4248.34	3221.09	3609.01
小时平均工资（元）	13.86	19.89	16.91	16.75

资料来源：根据 2013 年全国流动人口动态监测数据计算。

第一，从年龄上看，外来劳动力平均年龄低于本地。8 个城市劳动力平均年龄约为 34 岁，其中本地劳动力的平均年龄约为 38 岁，而外来劳动力平均年龄约为 33 岁，比本地劳动力平均年龄小了近 5 岁，由此可以看出，由于劳动力素质、所处行业以及户籍制度的影响，本地劳动力在城市劳动力市场上更占优势，工作年限也更长。

第二，从性别上看，以男性为主。农业户口的外来劳动力男性比例最低，为 56.95%，非农业外来劳动力为 58.75%，本地劳动力为 58.09%。

第三，从在婚比例上看，农业户口的外来劳动力在婚比例最低（78.95%）；与此相对应的是本地劳动力的在婚比例最高（86.94%），之所以如此，一方面跟年龄构成有关，一方面体现了本地劳动力在婚姻市场上同样处于优势。

第四，从受教育程度上看，农村户口外来劳动力的受教育水平最低，初中及以下学历的劳动力占农业户口外来劳动力总数的 68.81%，高中学历为 24.73%，大学及以上学历的劳动力占比仅为 6.46%；非农业户口的外来劳动力平均受教育程度最高，其中具有初中及以下学历的劳动力占其总数的 23.23%，具有高中学历的劳动力占其总数的 32.24%，具有大学及以上学历的劳动力占比为 44.53%。从平均受教育水平来看，城市与外来劳动力的平均受教育年限为 11.59 年，其中非农业户口外来劳动力平均受教育年限为 12.85 年，本地劳动力次之（12.42 年），农业户口的平均受教育年限与前者相比则有较大差距，比非农业户口的外来劳动力相差近 36%，也就是说，如果农业户口的平均学历为初中（9 年），则非农户籍劳动力的平均学历为高中（12 年）。由此还可以看出，具有大学及以上学历的非本地人口通常倾向于留在所在城市。

第五，从劳动力市场特征看，一是外来劳动力的周工作时间比本地劳动力的周平均工作时间要长，其中户口为农业的外来劳动力周工作时间近 61 小时，非农业外来劳动力的周工作时间约为 53 小时，而城市本地劳动力的周工作时间约为 48 小时，与本地劳动力工作时间相比，外来劳动力比本地劳动力每周工作时间要分别高 27.17% 和 12.72%。二是非农业外来劳动力工资最高，就平均工资而言，受教育水平最高的非农业外来人口相应的工资也较高（小时平均工资 19.89 元），平均受教育水平最低的农业外来人口的小时平均工资则仅为 13.86 元，比非农外来人口与本地人口的平均工资水平低 43.57% 与 22%。还可以看出，由于本地劳动力在住房、婚姻、教育等诸多方面的优势，劳动时间与平均工资并不存在对应的比例关系，即劳动力个体会因为平均工资低而增加劳动时间，但并不会因为平均工资高而减少劳动时间。综合劳动价格与劳动时间的关系，劳动时间与平均工资并不存在线性关系，即劳动供给曲线会出现向后弯曲的现象，经典经济学中的解释是本地劳动力与外来劳动力相比，由于在住房、婚姻、教育等诸多方面的优势，更注重对闲暇的消费。

总的来看，农业户口的外来劳动力更年轻，男性比例更高，在婚比例较低，受教育水平也较低，与劳动力特征相对应的平均工资水平也较低；非农业户口的平均受教育水平以及工资水平较农业外来人口以及本地人口都要高，以上特征与我们的直觉比较接近。

（3）分行业外来劳动力与本地劳动力特征

表 4-3 给出了不同受教育水平的劳动力在 15 个行业分布情况。

表 4-3　2013 年分行业外来劳动力与本地劳动力情况

	农业外来劳动力（%）					非农业外来劳动力（%）					本地劳动力（%）				
	初中	高中	大学	总计	男性比例	初中	高中	大学	总计	男性比例	初中	高中	大学	总计	男性比例
1 制造业	28.27	8.74	2.27	39.28	52.00	7.02	10.71	15.21	32.94	64.83	8.03	6.96	6.81	21.80	59.11
2 采掘业	0.20	0.12	0.03	0.35	97.78	0.12	0.18	0.82	1.11	84.21	0.02	0.16	0.12	0.30	70.59
3 农林牧渔	1.00	0.12	0.01	1.12	66.44	0.06	0.18	0.35	0.59	60.00	0.70	0.30	0.28	1.27	73.97
4 建筑	4.77	1.31	0.35	6.42	86.23	1.81	1.35	2.28	5.44	82.80	1.44	1.11	1.60	4.16	80.75
5 电煤水生产供应	0.38	0.10	0.07	0.55	80.28	0.06	0.23	0.59	0.88	60.00	0.33	0.50	0.31	1.15	75.76
6 批发零售	11.80	4.07	0.95	16.82	55.19	5.09	6.03	5.97	17.09	52.05	3.67	4.06	2.84	10.57	51.89
7 住宿餐饮	8.11	3.55	0.52	12.19	49.91	3.45	4.10	2.34	9.89	48.52	1.60	1.58	0.82	4.00	49.57
8 社会服务	6.71	3.24	0.75	10.70	54.74	2.17	4.04	3.22	9.42	44.10	5.29	6.35	4.89	16.54	54.11
9 金融、保险、房地产	0.25	0.30	0.24	0.78	72.55	0	0.41	2.57	3.16	53.70	0.28	0.57	2.14	2.99	48.26
10 交通运输、仓储通信	2.40	0.92	0.22	3.53	85.62	0.88	0.88	1.87	3.63	61.29	1.48	1.95	1.93	5.36	76.95
11 卫生、体育和社会福利	0.24	0.14	0.09	0.47	40.98	0.12	0.23	2.05	2.40	43.90	0.47	0.78	1.48	2.73	47.13
12 教育、文化及广播电影电视	0.23	0.18	0.22	0.63	37.80	0.18	0.47	0.94	1.58	44.44	0.49	0.92	6.16	7.57	42.99
13 科研和技术服务	0.20	0.32	0.33	0.85	67.27	0	0.18	3.69	4.33	68.92	0.30	0.59	2.11	2.99	68.60
14 党政机关和社会团体	0.06	0.08	0.05	0.19	68.00	0.00	0.18	0.23	0.41	57.14	1.06	2.00	4.81	7.87	60.84
15 其他	4.20	1.55	0.38	6.13	57.47	1.93	2.81	2.40	7.14	60.66	3.92	3.55	3.22	10.69	60.42

资料来源：根据 2013 年全国流动人口动态监测数据计算。

第一，总体上来看，外来劳动力就业主要为体力型与低端服务型。可以看到，农业外来劳动力、非农业外来劳动力以及本地劳动力，在制造业的就业者分别为 39.28%、32.9% 以及 21.80%，其中农业外来人口在制造业中所占比例比本地劳动力所占比例高 17.48%；其次为批发零售业、社会服务业、以及住宿餐营业等进入门槛比较低的服务行业，分别占到各自劳动人口总数的 39.71%、36.40% 以及 31.11%。

第二，本地劳动力在垄断性行业和管理部门具有显著优势。农业外来劳动力、非农业外来劳动力和本地劳动力分别占各自就业总数的 0.55%、0.88%、1.15%，党政机关和社会团体则分别为 0.19%、0.41%、7.78%。

第三，外来非农业劳动力在科技服务和高端服务行业科研技术服务业占明显优势。如科学和技术服务业，农业外来劳动力、非农业外来劳动力和本地劳动力分别占各自就业总数的 0.85%、4.43%、2.99%；金融、保险、房地产业分别占 0.78%、3.16%、2.99%。

第四，本地劳动力与外来劳动力偏好的行业有着明显的差异，同时行业分布更广泛。本地劳动力在党政机关和社会团体、教育文化及广播电影电视业的分布远远高出外来劳动力，分别为 0.19%、0.41%、7.87% 以及 0.63%、1.58%、7.57%。由此可知，本地劳动力在行业选择上更倾向于收益稳定的政府部门以及更能发挥个人潜质的文化艺术部门；非农外来劳动力较其他两类人群分布更密集的行业有金融、保险及房地产业（0.78%、3.16%、2.99%）以及科研和技术服务业（0.85%、4.33%、2.99%），由此可以看出，平均受教育程度更高的非农外来劳动力主要倾向于选择高收入以及高技术含量的行业；而非农外来劳动力则主要分布在传统制造业以及低端服务业中。此外，本地劳动力在行业选择上相对外来劳动力更为均衡，即行业选择范围更大。由表 4-2 可以计算出，本地劳动力行业分布标准差为 6.08，非农外来劳动力行业分布标准差为 8.57，而农业外来劳动力行业分布标准差更大，为 10.41。

第五，整体上男性的就业率要高于女性。在所有行业中男性比例分别为，农业外来劳动力 64.82%、非农业外来劳动力 59.1% 以及本地劳动力 61.4%。分行业来看，在大部分行业中男性劳动力就业率远高于女性劳动力，如采掘业（97.78%、84.21%、70.59%）、建筑业（86.23%、82.8%、80.75%）。女性在教育、文化及广播电影电视业（62.2%、5.56%、57.01%），卫生、体育和社会福利业（59.02%、56.1%、52.87%）中占明显优势，在住宿餐饮业中也稍占优势（50.09%、51.48%、50.43%）。

4.3.4 主要变量测算

（1）相对就业率

由于调查数据中并未直接给出就业信息，但给出了每个调查对象周劳动时间，所以本书从劳动时间角度研究外来劳动力对本地劳动力就业的影响，通过所在城市（本书为区县）、受教育水平、潜在工作经历对外来劳动力以及本地劳动力的周工作时间分组。其中考虑到工作经历与受教育水平在工作搜寻时的作用同样重要，本书在已有文献的研究基础上将潜在工作经历作为分组的依据之一。潜在工作经历由实际年龄减去取得对应学历的平均年龄得出。在分组之前，由于缺乏总体数据，故首先依据各区（县）本地及外来人口的比例，在总调查样本中通过软件随机抽取相对应的样本数，进一步得出劳动组本地劳动力工作时间与外来劳动力工作时间之比（E_{jc}/L_{jc} 以及 M_{jc}/L_{jc}）。

（2）人口特征

考虑到劳动力的个体特征会对就业率造成影响，本书将本地劳动力的性别（男性为 1，女性为 0）、年龄作为解释变量加入到模型中。

（3）工具变量

从式（4-4）可以看到，由于存在与 M_{jc} 相关的遗漏变量，OLS 估计的结果存在内生性问题，为了消除内生性给模型带来的估计偏误，引入外来人口的社会网络因素作为 M_{jc}/L_{jc} 的工具变量，逻辑在于外来人口通常倾向于迁往与自身社会网络较密集的地区。社会网络便由调查中通过熟人、亲戚、朋友找到工作的外来劳动力比例来衡量。

4.3.5 主要变量统计描述

表 4-4 为 2013 年 8 个城市外来劳动力与本地劳动力调查数据的统计描述。从表 4-4 可知，外来劳动力与本地劳动力的平均年龄约为 34 岁，男性占总劳动力的 57.4%，平均受教育年限约为 10 年，不到高中学历。而每周工作时间分布在 35 ～ 84 小时，潜在工作经历最小值为 0，最大值为 43。外来人口中，农业户口占 88.4%，非农业户口占 32%。从流入时间来看，外来劳动力平均流入时间达到 4.4 年，其中最长时间为 36 年。

表 4-4 2013 年 8 个城市外来劳动力与本地劳动力统计描述

变量名	样本数	均值	标准差	最小值	最大值
年龄	20458	33.96	9.353	15	60
性别	20458	0.574	0.494	0	1
受教育程度	20458	10.60	3.11	0	16

续表 4-4

变量名	样本数	均值	标准差	最小值	最大值
潜在工作经历	20458	15.09	10.12	0	43
周工作小时	20458	56.34	7.129	35	84
户口	14714	0.884	0.320	0	1
流动范围	14714	2.483	0.651	1	3
流入时间	14714	4.426	4.377	0	36

资料来源：根据 2013 年全国流动人口动态监测数据计算。

4.4 计量检验及分析结果

根据式（4-7），按受教育程度将总样本分为三个组：第一组为低学历组，包括受教育水平为初中及以下本地劳动力和外来劳动力；第二组为中学历组，劳动力的受教育水平为高中（中专）；第三组为高学历组，劳动力的受教育水平为大学及以上，包括大专、本科及研究生。按受教育程度的不同，分别使用 OLS 方法以及工具变量法（2SLS）估计出外来劳动力对城市本地劳动力就业影响、外来劳动力对前期流入外来劳动力就业影响、分行业外来劳动力对城市本地劳动力就业影响。

4.4.1 分教育组外来劳动力对城市本地劳动力就业影响

表 4-5 列出了按教育划分的不同劳动组的普通最小二乘法（OLS）和工具变量法（2SLS）估计就业方程的结果。

表 4-5 外来劳动力对城市本地劳动力就业率的影响

变量名	（1）全部样本组		（2）低学历组		（3）中学历组		（4）高学历组	
	OLS	2SLS	OLS	2SLS	OLS	2SLS	OLS	2SLS
外来劳动力比率	−0.056***	−0.0068***	−0.015	−0.0037*	−0.113	−0.058***	−0.551**	−0.199***
	（−2.77）	（−5.03）	（−0.59）	（−1.91）	（−1.25）	（−6.23）	（−2.13）	（−7.13）
本地劳动力教育结构	−1.69	−0.445***	−3.57	−0.448***	−5.777**	−0.076***	−0.72	−0.089***
	（−1.37）	（−20.76）	（−1.30）	（−7.03）	（−1.96）	（−8.21）	（−0.11）	（−5.20）
男性比例	0.102	−0.0148	0.00123	0.00898	0.0869	0.03	0.03	−0.01
	（1.04）	（−0.42）	（0.01）	（0.15）	（0.72）	（0.60）	（0.35）	（−0.23）
本地劳动力平均年龄	0.0004	0.0101***	0.00780	0.0121***	0.004	0.008***	−0.003	0.002*
	（0.09）	（12.12）	（0.69）	（6.61）	（0.71）	（6.63）	（−0.62）	（1.89）
常数项	0.74***	0.54***	0.35	0.189**	0.64***	0.53***	1.04***	0.83***
	（5.74）	（13.71）	（0.93）	（2.03）	（3.40）	（8.52）	（5.39）	（12.07）

续表 4-5

变量名	（1）全部样本组		（2）低学历组		（3）中学历组		（4）高学历组	
	OLS	2SLS	OLS	2SLS	OLS	2SLS	OLS	2SLS
观测值个数	661	622	296	286	285	267	203	176
R^2	0.22		0.43		0.67		0.68	
Sargan 检验		1.41 （0.86）		0.27 （0.61）		0.34 （0.69）		0.68 （0.71）

注：*** 表示在 1% 水平上显著，** 表示在 5% 水平上显著，* 表示在 10% 水平上显著。括号内为 t 值。

随着教育程度上升，外来劳动力对本地劳动力的就业影响加大。从使用最小二乘法（OLS）的估计结果可以看出，在不同教育组中，外来劳动力所占比例对本地劳动力就业的影响均为负值，介于 -0.551 ~ 0.015，且随着教育程度的上升，外来劳动力对本地劳动力的就业率影响会上升。首先，从全部样本看，在同一劳动组中，外来劳动力占所在组的比例每上升 10%，则会降低对应劳动组本地劳动力就业率的 0.56%。其次，从不同教育组来看，外来劳动力每上升 10%，会降低初中及以下学历组的本地劳动力就业率 0.15%，放到高中学历组，外来劳动力每上升 10%，会降低该组本地劳动力就业率的 1.13%，降低大学及以上学历本地劳动力就业率的 5.51%。由此可见，随着受教育程度的增加，外来劳动力对本地劳动力市场的冲击会变大。由于内生性问题，在使用 OLS 估计的结果中，本地劳动力教育结构变量多不显著，从而可能高估了外来劳动力在不同教育组中对本地劳动力就业的影响，因此考虑使用 2SLS 估计方法。

通过工具变量法（2SLS）估计的结果可以看到，与 OLS 估计结果相比，2SLS 方法估计得出的外来劳动力的迁入对本地劳动力就业率的影响均有不同程度的降低，Sargan 值均通过过度识别检验，说明所引入的工具变量都是外生的。首先，从总体来看，外来劳动力占所在劳动组比例每上升 10%，就会降低本地劳动力就业率的 0.068%。根据中国 2010 年人口普查分县资料，8 个城市中外来人口比重最大的为苏州市，外来人口占总人口的比重为 39%，由此可以得出，如果外来人口全部退出当地劳动力市场，苏州市当地劳动力的就业率也仅仅会上升 0.26%。对外来劳动力较少的中西部地区城市劳动力市场，影响会更小。2010 年 8 个城市外来人口占本地人口平均比重为 15%，则外来劳动力对本地劳动力就业率的平均影响为 0.1%。其次，对于中低教育组的劳动力而言，外来劳动力比例每增加10%，本地就业率下降比例仅为 0.037%；而对于高中学历组来说，外来劳动力比例每增加 10%，根据估计结果，本地劳动力就业率将下降 0.58%；对于教育组学历为大学及以上的劳动力而言，外来劳动力对本地劳动力就业率影响为 −1.99%。

有研究认为，受教育程度低的外来劳动力与本地劳动力之间存在完全替代关系（Grossman，1982），因此低学历外来劳动力的进入对本地劳动力的影响应该是最大的，而本书得出的结论正好相反。原因如下：第一，由于进入壁垒的存在，即使在低学历组，外来劳动力与本地劳动力之间也存在不完全替代关系。从监测数据可以看到（表 4-6），在个人偏好与外部环境多种因素的影响下，本地低学历劳动力在国家机关、公务员、家政、保洁、保安、商业服务业人员等职业具有明显优势，而外来低学历劳动力则不得不分布于经商、商贩、餐饮与生产等行业，这一现象在高中及以下教育组更为明显。第二，从大学及以上教育组来看，在职业分布方面与前两组出现显著变化，主要表现在具有大学学历的外来劳动力在专业技术人员以及其他商业、服务业（如金融、保险、房地产等行业）中的人口比重上升，此结论与上文行业分布统计一致。第三，根据教育部公布数据，中国大学生年毕业人数从 2000 年的 107 万增长到2013 年的 699 万，14 年间增长了 5.53 倍，而城市中高就业门槛行业的岗位未能与大学生增长速度同步，导致外来与本地高学历劳动力之间竞争加剧，本地劳动力就业率下降。第四，产业结构升级缓慢造成我国外出务工的人群还是以受教育程度较低的农业人口为主，高学历劳动力供需矛盾日益突出。

表 4-6　外来劳动力与城市本地劳动力职业分布

主要职业	初中及以下（%）			高中及以下（%）			大学及以上（%）		
	外来劳动力	本地劳动力	差值	外来劳动力	本地劳动力	差值	外来劳动力	本地劳动力	差值
国家机关、党群组织、企事业单位负责人	0.14	1.63	1.49	0.26	3.25	2.99	1.6	8.73	7.13
专业技术人员	3.15	4.83	1.68	4.42	7.26	2.84	24.77	21.15	-3.62
公务员、办事人员和有关人员	0.14	4.47	4.33	0.43	7.52	7.09	5.47	24.5	19.03
经商	15.06	9.43	-5.63	15.29	9.61	-5.68	13.89	5.99	-7.9
商贩	6.31	2.6	-3.71	5.7	2.09	-3.61	1.84	0.57	-1.27
餐饮	10.23	4.41	-5.82	10.33	4.04	-6.29	4.12	1.15	-2.97
家政	0.44	0.91	0.47	0.46	0.9	0.44	0.18	0.04	-0.14
保洁	0.99	5.26	4.27	0.87	2.99	2.12	0.25	0.09	-0.16
保安	1.08	4.17	3.09	1.29	4.07	2.78	0.55	0.57	0.02
装修	2.95	1.69	-1.26	2.94	1.6	-1.34	1.23	0.53	-0.7
其他商业、服务业人员	11.59	18.55	6.96	13.29	21.46	8.17	22.19	20.36	-1.83
农、林、牧、渔、水利业生产人员	1.22	2.48	1.26	0.99	1.66	0.67	0.55	0.44	-0.11
生产	28.08	15.35	-12.73	25.94	12.55	-13.39	11.62	4.72	-6.9
运输	2.54	3.38	0.84	2.4	2.85	0.45	1.11	1.01	-0.1
建筑	3.92	2.3	-1.62	3.39	1.83	-1.56	1.97	2.03	0.06
其他生产、运输设备操作人员及有关人员	9.18	9	-0.18	9.04	7.78	-1.26	5.65	2.86	-2.79
无固定职业	1.97	7.31	5.34	1.93	6.24	4.31	0.98	2.25	1.27
其他	1	2.24	1.24	1.01	2.29	1.28	2.03	3	0.97

资料来源：根据 2013 年全国流动人口动态监测数据计算。

　　此外，估计结果说明城市劳动力的教育结构对本地劳动力就业率有显著的负影响。在低学历组，其他条件不变的情况下，初中及以下文化程度的劳动力占城市全部劳动力比重每增加 10%，将会降低同一教育组的当地劳动力就业率的 4.48%；高中学历的劳动力占全部劳动力比重每增加 10%，相应会降低当地处于同一教育组劳动力就业率的 0.76%；而对具有大学及以上学历的当地劳动力而言，该数字为 0.89%。由此可以看到，尽管存在不完全替代关系，总体来看，城市劳动力市场中受教育程度较低的本地劳动力就业率更容易受到外来劳动力的影响。随着高学历劳动力数量的膨胀，具有大学学历的本地劳动力与只有高中学历的本地劳动力相比，更容易受到外来劳动力的影响。

与以往文献类似，本地劳动力的性别比对其就业率的影响不显著，而年龄则会对本地劳动力的就业率产生正向的影响。从估计结果可以看出，本地劳动力年龄每增加 10 岁，对就业率的平均影响增加 0.1%，且受教育程度越高，年龄对就业的影响越低。

4.4.2　分行业外来劳动力对城市本地劳动力就业影响

从上文的分析可以看到，职业和行业的差异也是外来劳动力对本地劳动力重要影响因素，因此有必要对行业进行细分。为了衡量外来劳动力对城市本地劳动力市场中不同行业的影响，本书根据本地和外来就业人口的分布特征，参照国家统计局行业划分标准将总样本分为四组：制造建筑业、生活服务业、生产和市场服务业以及公共服务业。[①]

整体而言，外来劳动力的进入对本地劳动力的就业影响十分有限，但对不同行业的影响有所差异。

分行业来看，外来劳动力对进入门槛比较低的行业影响甚微。其中外来劳动力占本地劳动力比例每增加 10%，仅会降低制造建筑业本地劳动力就业率的 0.16%，会降低生活服务业中本地劳动力就业率的 0.24%、生产和市场服务 0.91%、公共服务业 0.79%。其原因在于外来劳动力多分布于制造业与生活服务业等技术含量低、岗位获得较容易的行业中。外来劳动力对本地劳动力影响最大的行业为生产和市场服务业以及公共服务业，该行业中外来劳动力占本地劳动力比例每上升 10%，将会分别降低本地劳动

---

　　① 由于研究的是外来劳动力对城市劳动力市场的影响，故将调查数据中职业为"农林牧渔"的样本去掉，同时为了提高估计结果的精确性，舍弃职业为"其他"的样本。制造建筑业包括制造业、采掘业以及建筑业；生活服务业包括住宿餐饮业、批发零售业以及电煤水生产供应业；生产和市场服务业包括金融、保险、房地产业、交通运输仓储通信业、科研和技术服务业；公共服务业包括社会服务业、卫生体育和社会福利业、教育文化及广播电影电视业、党政机关和社会团体。

就业率的 0.91% 以及 0.79%（见表 4–7）。

表 4–7 分行业外来劳动力对城市本地劳动力就业影响

	制造建筑业	生活服务业	生产和市场服务业	公共服务业
外来劳动力比率	−0.016***	−0.024***	−0.091***	−0.079***
	（−10.14）	（−14.11）	（−13.30）	（−17.36）
劳动力教育结构	−6.28*	−14.77***	−2.42*	1.96
	（−1.69）	（−3.79）	（−1.96）	（0.93）
本地劳动力男性比例	0.007	0.002	−0.122**	−0.037
	（0.19）	（0.09）	（−2.14）	（−0.92）
本地劳动力平均年龄	0.002	0.002*	0.004*	0.003*
	（1.54）	（1.85）	（1.82）	（1.73）
常数项	0.335***	0.384***	0.666***	0.610***
	（5.56）	（7.94）	（7.61）	（9.55）
观测值个数	275	277	112	241
R^2	0.364	0.495	0.658	0.576

注：*** 表示在 1% 水平上显著，** 表示在 5% 水平上显著，* 表示在 10% 水平上显著。括号内为 t 值。

与上文统计描述的结果类似，外来劳动力对金融、物流、科研等生产和市场服务业，以及教育、文化、卫生等公共服务部门就业市场会产生的冲击较大，原因在于能进入这些部门的外来劳动力一般具备比较高的受教育水平，具有专业和技术专长。

外来劳动力对本地公共服务业的就业影响比对市场服务业的影响明显要小。这是因为即便外来人口具备了公共服务行业所需的人力资本与技能水平，但相比本地劳动力，一方面在社会资本方面仍处于劣势，对工作搜寻以及职业发展不利；另一方面受到一些歧视性政策的限制，如就业的户籍规定、档案规定等。

4.4.3 后期流入外来劳动力对前期外来劳动力就业影响

从表 4–7 的分析可以看到，在部分行业，外来劳动力的进入可能会影响前期迁入的外来劳动力就业率。表 4–8 用同样的计量模型分析了新进入外来劳动力对前期流入（5 年及以上，下同）外来劳动力在就业率方面的影响。

表4-8　新进入外来劳动力对早期迁入外来劳动力就业影响

变量名	（1）全部样本组	（2）低教育组	（3）中教育组	（4）高教育组
新迁入外来劳动力比率	−0.016***	−0.021***	−0.034***	−0.270***
	（−7.23）	（−5.29）	（−6.25）	（−18.75）
早期迁入劳动力教育结构	−1.472	−1.327	−3.636***	−0.859
	（−1.01）	（−1.26）	（−3.25）	（−1.29）
男性比例	−0.0227	−0.157***	−0.0136	−0.00290
	（−0.58）	（−2.76）	（−0.21）	（−0.05）
早期迁入劳动力平均年龄	0.008***	0.007***	0.0121***	0.0029**
	（6.55）	（4.37）	（8.69）	（2.24）
常数项	0.190***	0.318***	0.291***	0.800***
	（3.65）	（3.77）	（4.31）	（17.56）
观测值个数	539	329	251	122
R^2	0.4543	0.5239	0.7051	0.8715

注：*** 表示在1%水平上显著，** 表示在5%水平上显著，* 表示在10%水平上显著。括号内为 t 值。新流入外来劳动力比率为城市—教育—经历组中新流入的外来劳动力所占比重；劳动力市场结构为城市—教育—经历组中的所有外来劳动力占城市总劳动力的比重。

可以看到，相对于对本地劳动力就业率的影响，新迁入的外来劳动力对劳动力市场上已经迁入5年及以上的非本地户口的外来劳动力就业率影响更大，且对不同教育组的影响也有所变化。

从全部样本组来看，新迁入外来劳动力在对应劳动组的比重每增加10%，将降低前期迁入外来劳动力就业率0.16%，为本地劳动力对应值的2.35倍。

在低教育组中，新流入外来劳动力每增加10%，对城市早期流入劳动力就业率的影响为0.21%，为本地劳动力对应值的5.6倍。

在中教育组中，新流入的外来劳动力对具有高中文化的前期流入劳动力就业的影响比对本地劳动力就业的影响要低。在该教育组中，新进入外来劳动力每增加10%，将会降低前期迁入劳动力就业率的0.34%，低于本地劳动力对应的0.58%。

在高教育组中，新流入的劳动力对前期流入的劳动力就业产生更大的冲击，新流入外来劳动力每增加 10%，将会降低该教育组前期流入劳动力就业率的 2.7%，高于对应本地劳动力就业率的 2%。

由此可见，总体上新进入的外来劳动对前期进入的外来劳动力就业的影响要大于本地劳动力。之所以如此，在于外来劳动力之间的同质性决定了外来劳动力之间的可替代性要高于外来劳动力与本地劳动力的可替代性，即外来劳动力之间的替代弹性系数比外来劳动力与本地劳动力之间的替代弹性系数要高。

总而言之，由于我国劳动力市场的特殊性，人口流动对城市本地劳动力，特别是城市低学历劳动力就业并不会造成显著影响，而在高学历劳动力市场，外来劳动力的增加会对本地同等学历的劳动力产生挤占效应，大学以上外来劳动力占相应教育组的比重每上升 10%，会降低相同教育组的本地劳动力就业率水平约为 2%。因此，受教育程度较高的本地劳动力更容易受到外来劳动力的冲击。

究其原因，由于长期的城乡分割，我国城市本地劳动力在平均受教育水平、劳动技能的培养等方面与农村劳动力存在巨大差异，因而职业的选择范围更大。更多的城市本地劳动力聚集在垄断性行业或者进入门槛比较高的行业，如电煤水气业以及政府部门、文化艺术部门。外来劳动力特别是受教育程度较低的农业劳动力，流入城市后职业选择范围较窄，多分布在制造业、低端服务业。外来劳动力与本地劳动力职业分布重叠度不高，因而外来劳动力的进入对城市本地劳动力的就业并不会产生很大的影响。另一方面，受教育程度较高的外来劳动力则会在较注重人力资本要素积累的行业与本地劳动力产生竞争关系，对人力资本要求比较高的行业，如金融保险业、科研技术服务业，会挤占本地劳动力在该行业的就业机会。还有，随着大学教育日渐普及，特别是自大学扩招以来，每年的大学毕业生人数不断膨胀，2012 年达到 600 万人，大学生就业变得越来越困难，大学毕业生主动向二线、三线城市寻求就业机会，即加剧了前期流入人口的就业竞争，也加剧了本地劳动力的就业竞争，但是，外来劳动力之间的替代弹性系数比外来劳动力与本地劳动力之间的替代弹性系数要高。

4.5 本章小结

本章使用 2013 年全国流动人口动态监测数据，研究了我国外来劳动力的流入对城市本地劳动力就业的影响。研究发现，农业户口劳动力占外来劳动力的 88.39%，非农业户籍劳动力为 11.61%；从受教育角度看，非农业外来劳动力平均受教育程度最高，而农业外来劳动力平均受教育程度最低，按受教育年限计算，非农业外来劳动力与本地劳动力比农业外来劳动力的平均受教育年限要多 3.34 年以及 2.91 年。从行业角度对数据分析发现，本地劳动力、外来农业户籍劳动力以及外来非农业户籍劳动力的就业选择不尽相同，其中农业外来人口主要就业途径为制造业以及低端服务业；非农业外来人口在此基础上选择性更大，更多的从事金融、科研等对专业技能要求比较高的行业；而城市当地劳动力则更容易进入政府、文化等部门。在引入工具变量克服计量模型内生性问题的基础上，本书得到结论如下：

第一，总体来看，外来劳动力的进入会对本地劳动力就业率造成负面的冲击，但影响十分有限。对于全部样本而言，外来劳动力占对应教育组比重每上升 10%，仅仅会降低本地劳动力就业率水平的 0.068%。2010 年本书研究的 8 个城市样本中，外来人口的平均比重为 15%，由此可以得出即使所有外来人口退出当地劳动力市场，本地劳动力的平均就业率也仅仅能上升约 0.1%。

第二，从受教育程度角度来看，受教育程度越高的外来劳动力对城市本地劳动力市场造成的影响越大。初中及以下外来劳动力每增加 10%，会降低本地同一教育组劳动力就业率的 0.037%；拥有大学及以上学历的外来劳动力每增加 10%，则会降低本地同一教育组劳动力就业率约 2%。由此可见，高学历的外来劳动力与低学历的外来劳动力相比，由于其掌握了更高的劳动技能，因此能更积极地参与当地就业市场的竞争。

第三，劳动力整体的教育结构对本地劳动力就业率同样会产生负向的影响。对于只具有初中及以下学历的本地劳动力来说，由于与外来低学历劳动力的替代弹性无穷大，即本地低学历劳动力能完全被外来劳动力所替代，其面临的就业竞争最激烈，低学历群体占总劳动力比重每上升 10%，就降低本地低学历劳动力就业率的 4.48%。对于具有高中及以上学历的本地劳动力与外来劳动力之间则呈现不完全替代关系，同一劳动力群组数量占总劳动力比例每上升 10%，具有高中以及大学教育经历的本地劳动力就业率仅下降 0.76% 与 0.89%。

第四，从劳动力所属行业的角度看，外来劳动力对人力资本要求比较低、进入门槛低的行业中本地劳动力就业几乎没有影响，而对人资资本要求比较高、进入门槛也高的行业中本地劳动力就业率的影响较大。其中，外来劳动力占同一劳动组的本地劳动力比重每上升 10%，会降低制造建筑业的 0.16%，生活服务业的 0.21%，生产及市场服务业的 0.91%，公共服务业的 0.79%。

第五，与本地劳动力的就业率相比，新进入的外来人口对本地原外来人口就业率的影响会比较大。新进入外来人口每增加 10%，将会降低原外来人口平均就业率的 0.16%，对具有大学及以上学历的原外来人口就业率的影响为 -2.7%。

然而，由于缺乏时间序列数据，本书根据截面数据得出的结论在解释外来人口对本地人口就业率影响存在结构突变问题（如高校扩招）时还存在缺陷。Filer（1992）和 White（1993）就认为城市本地人口与外来人口的技能构成不尽相同，因此对就业的影响也不同。同时，一些实证分析，如 Blanchard 与 Katz（1992），Decressin 与 Fatas（1995）发现外来劳动力的迁入对本地劳动力的就业影响存在延续与滞后性，外来劳动力对就业市场的冲击会产生大约 4 年的影响。

上述结论具有明确的政策含义：① 外来劳动力对本地劳动力就业挤出效应不明显，"限外"并没有必要。由于大量劳动密集型产业的存在以及我国技术进步主要偏向非技能型的事实，低技能外来劳动力在城市劳动力市场同样有自身的发展和提升空间。② 低技能外来劳动力的非替代性并非充分竞争的结果，而是其自身竞争能力不足所致，提高劳动力整体受教育水平需要引起足够重视。受教育年限不足，导致外来劳动力行业选择范围有限，职业上升空间不足。③ 高技能"准市民"的就业竞争压力更大，间接降低教育回报率，需要从多方面着手予以特别重视。总之，要从教育环节以及工作搜寻环节入手，加强劳动力供给侧改革，提供公开公平的就业竞争平台，提升城市整体效率。

具体来看，要增加城市就业市场的包容性程度，降低劳动力要素供给成本，提升经济运行效率，需要从以下几方面着手：一是建立健全统一的薪酬福利体系，消除劳动力地域歧视。推动外来务工人员薪酬体系改革，完善外来劳动力社会保障体系，将外来务工人员纳入城镇住房和社会保障体系，同时进一步消除医疗保险、养老保险、住房公积金等保障与福利的异地使用障碍。二是建立公开公正的城市劳动就业平台，实现外来人员信息与就业市场高度匹配。帮助外来务工人员及时获取岗位信息，保障就业竞争岗位公开公平的同时，构建就业信息发布及自动匹配平台，消除劳动力供给与需求之间的信息不对称现象，降低人为的就业隔离。三是提高劳动力教育投入，充分挖掘低技能劳动力人力资本。充分利用互联网技术构建在线培训及再教育平台，帮助低技能外来劳动力通过主动学习和培训以适应劳动力市场的需要；增加务工人员子女接受教育机会，解除户籍捆绑，避免低技能的隔代传递。

第5章 外来劳动力对城市工资的影响

进入 21 世纪，随着经济社会的发展，人口迁移流动日趋活跃。流动人口规模由 2000 年的 1.21 亿增加到 2012 年的 2.36 亿，年均增加 958.3 万人[①]。流动人口对我国经济发展起到了举足轻重的作用。同时它对经济社会发展的也产生了积极影响，如促进了城镇化发展、提高了流动人口整体收入水平，对城乡收入差距、城市内部二元结构等问题起到良好的平衡作用。流动人口由于受教育程度、技能水平等方面差异对城市劳动力市场形成不同冲击。本章将考察外来人口对城市本地居民以及早期流入劳动力工资的影响。

5.1 引言及相关文献综述

在劳动力市场中，近年流动人口工作时间有所缩短，但幅度不大。如表 5-1 所示，与 2010 年和 2011 年相比，除平均每周工作时间和每周工作时间超过 5 天比重这两个指标外，其他指标都呈逐渐下降的趋势。相比而言，流动人口整体工作时间都要长于本地居民。对于流动人口收入而言，2012 年流动人口中雇员的月收入均值约为 2800 元，比 2011 年提高约 260 元，

[①] 数据来源于《2013 年中国统计年鉴》。

但仍低于我国城镇单位就业人口的收入水平[①]。

表 5-1　2010—2012 年外来劳动力工作时间变化

指标	2010 年	2011 年	2012 年
平均每周工作时间（天）	6.1	6	6
平均每天工作时间（小时）	9.3	9.2	9.1
每周工作时间超过 5 天比重（%）	78.8	75.7	77.7
每天工作时间超过 8 小时的比重（%）	51.7	48.9	48.4
每天工作时间超过 11 小时的比重（%）	16.9	13.5	12.2

数据来源：国家卫生和计划生育委员会流动人口司编，《中国流动人口发展报告》，中国人口出版社，2013 年，第 57 页。

同时，处于同一行业、身份相同的雇员，户籍人口和流动人口的工资水平具有较大差异。由表 5-2 可以发现，流动人口工资水平低于城镇户籍人口。对于平均月工资而言，城镇户籍平均月工资与流动人口的比值最大的行业为住宿餐饮；对于平均小时工资而言，比值达到最大的为制造业和住宿餐饮，并且，平均小时工资的差异大于平均月工资。这也说明流动人口工作时间长于城镇户籍人口。

表 5-2　2010 年分行业的流动人口与户籍人口平均月工资和
平均小时工资差异情况

行业	平均月工资（元）			平均小时工资（元）			流动人口行业分布（%）
	流动人口	城镇户籍	比值	流动人口	城镇户籍	比值	
制造业	2125	2416	1.1	9.7	13.6	1.4	22.7
批发零售	1912	1943	1.0	9.3	10.6	1.1	26.0
住宿餐饮	1673	1978	1.2	7.9	10.8	1.4	13.7
社会服务	1851	1800	1.0	9.1	11.1	1.2	16.1
其他行业	2824	2944	1.0	14.9	17.9	1.2	21.5

注：数据来源同表 5-1，第 90 页。其中，比值为城镇户籍工资除以流动人口工资。

以上说明流动人口与城镇户籍人口的工作时间和收入差异情况。本章主要回答以下问题：不同劳动组之间替代关系如何？从横向维度来看，外

[①]　流动人口收入数据来源于 2012 年全国流动人口调查数据，根据《2012 年中国统计年鉴》显示，2011 年我国城镇单位就业人员的平均月收入为 3483 元，在岗职工平均月收入达到 3538 元。

来劳动力对城市不同组群的劳动力工资率有何影响？从纵向维度来看，外来劳动力对城市劳动力工资率影响从不同时期来看有何变化？

本书在 Borjas（2003）的模型基础上进行扩展并改进：首先，对拥有高中学历劳动力与无高中学历劳动力替代弹性的设定进行改进，使之更合理更精确，而且与其他研究更契合。其次，在教育—经历相同的劳动组，发现拥有同样学历的本地劳动力与外来劳动力之间存在细微却又显著的不完全替代关系。这个估计结果修正了 Borjas、Grogger 和 Hanson（2008）的估计结果。最后，在生产函数的一般均衡理论基础上，估算出实物资本存量的变化系数，度量了劳动力的供给对工资的影响。

关于外来人口对本地居民工资率的影响，国外的研究成果较多，而国内的研究还比较欠缺。20 世纪 80 年代以来，研究的方向逐渐转向人口迁移对收入分配以及低技能劳动力工资水平的影响，之后研究主要集中于对群组的精细化与替代弹性的估计。可以将现有文献归纳为以下两个方面：第一，从宏观层面来看，外来劳动力的流入对劳动生产率以及本地劳动力工资率的影响到底是正向的还是负向的？他们普遍认为这个问题需要将所有异质劳动力归为一个整体来看待。第二，从微观的层面来看，新迁入的劳动力对具有不同教育水平的本地劳动力以及已经迁入的外来劳动力工资水平将产生什么样的影响？对此，有学者指出，外来劳动力的迁入对受教育程度较低的本地劳动力有着负向的影响（Borjas，1994，1999，2003；Borjas，Freeman，& Katz，1997；Borjas，& Katz，2007），也有学者认为两者之间的关联度很小，甚至是不显著的（Butcher，& Card，1991；Card，1990，2001；Friedberg，2001；Lewis，2005）。

20 世纪 90 年代以来，大量研究将迁移人口的教育水平纳入到劳动力市场的分析中。Katz 和 Murphy（1992）首先开始关注不同受教育水平劳动力之间的替代弹性对于劳动力供给、需求冲击对工资的影响，在他们的研究基础上，Murphy 和 Welch（1992），Angrist（1995），Autor、Katz 和 Krueger（1998），Johnson（1997），Krusell 等（2000）以及 Acemoglu（2002）做出进一步贡献。他们认为，区分不同教育水平（将具有大学及以上学历归为高学历，其他归为低学历）的劳动力对劳动力供给或需求的变化的影响，对于明确高学历劳动力与低学历劳动力之间的不完全替代关系非常关键。Borjas（2003），Borjas 和 Katz（2007）以及 Ottaviano 和 Peri（2006a）倾向于将劳动力分为四类（高中以下，高中学历，有大学经历以及获得大学学历）。从逻辑上来说，这种分类方式增加了群组间的类似性，从而降低了估计结果的精确性与显著性，致使弹性通常变得不显著（Borjas，2003；Borjas，& Katz，2007）。因此，这种四分法在其他文献中极少见。

劳动力组群替代性研究方面，在 Ottaviano 和 Peri（2006a）之前，很少有研究计算出外来劳动力与本地劳动力之间的替代关系。Jaeger（1996）用美国各大城市的数据估计出两者之间的替代关系，但实证模型存在较明显的内生性问题。Cortes（2006）同样使用美国大城市中低技能劳动力数据，得出本地劳动力与外来劳动力之间的替代弹性系数接近零。然而，替代性研究方面也有较为明确的结论。Katz 和 Murphy（1992）将劳动人群分为年轻人与老年人，测算出他们之间的替代弹性约为3.3。Welch（1979）以及 Card 和 Lemieux（2001）使用对称 CES 模型估计出不同年龄组的替代弹性处于5~10，然而从对称的 CES 模型设定以及参数估计过程中可以看出，他们的主要关注的是低学历人群。此外，从之前的研究中可以发现，由于外来劳动力与本地劳动力存在不完全替代性，外来劳动力对本地劳动力的工资只存在微小的影响，而对之前已经迁入的劳动力工资有着很大的负向影响（Longhi，Nijkamp，& Poot，2005）。

本章在现有研究的基础上，主要从以下几个方面继续深入研究：第一，将异质劳动力包含到生产函数中。第二，将劳动力进行分组，通过中国家庭收入（CHIP）以及流动人口监测数据估算出不同劳动组之间的替代弹性，用数值模拟方法测算出外来人口对本地居民工资短期、中期和长期的影响。第三，将实物资本调整机制纳入到模型中，设定实物资本会随着市场的变化而趋于长期均衡，修正了实物资本短期内不变的假设（Borjas，2003；Borjas，& Katz，2007）。借鉴经济增长理论（Islam，1995；Caselli et al.，1996）以及真实经济周期理论（Romer，2006），估计出资本存量的调整速度，并分析本地劳动力与外来劳动力之间的不完全替代性。[①]

5.2　理论框架

本部分通过生产函数的参数反映不同类型劳动力之间的替代弹性以及短期与长期内资本的调整，而忽略人口迁移给生产率带来的影响（如效率的改进、更好的技术选择以及规模的外部效应）。

5.2.1　生产函数

本书所用的是 Cobb-Douglas 生产函数，即

$$Y_t = A_t N_t^a K_t^{1-\alpha} \tag{5-1}$$

式中，Y_t 为总产出，A_t 为外生的全要素生产率（TFP），K_t 为实物资本，N_t 为不同类型劳动力，$\alpha \in （0，1）$ 为劳动收入份额。Cobb-Douglas 生产函数被广泛运用于宏观经济增长模型（Solow，1956；Jones，2005；Caselli，& Coleman，2006），劳动对于产出的贡献率被大量实证研究（包括长时间的时间序列数据以及截面数据）为常数（Kaldor，1961；Gollin，2002）[②]。本书将劳动集群定义为[③]

$$N_t = [\theta_{Ht} N_{Ht}^{\frac{\sigma HL-1}{\sigma HL}} + \theta_{Lt} N_{Lt}^{\frac{\sigma HL-1}{\sigma HL}}]^{\frac{\sigma HL}{\sigma HL-1}} \tag{5-2}$$

式中，N_{Ht} 与 N_{Lt} 分别表示高学历群组与低学历群组的劳动供给，θ_{Ht} 和 θ_{Lt} 分别表示高学历劳动力与低学历劳动力的生产率水平（$\theta_{Ht} + \theta_{Lt} = 1$ 且任何一般乘数效应都通过全要素生产率来 A_t 反映）。参数 σ_{HL} 为两个群组之间的

---

①　Raphael（2008），Manacorda 等（2005），d'Amuri（2008）用不同的数据估计出不同地区的参数，他们均发现参数虽然小，但都显著，这为本书的研究奠定了基础。

②　Cobb-Douglas 函数意味着实物资本与每种劳动力群组都有着相同的替代弹性。一些学者（Krusell et al.，2001）指出实物资本与高学历劳动力呈互补关系，与低学历劳动力呈替代关系。这种假设意味着特定时期内，资本对产出的贡献率上升往往伴随着高素质劳动力供给增加以及高素质劳动力对产出贡献率的上升，但此假设并未得到实证分析的支持。

③　依照 Katz 和 Murphy（1992），Katz 和 Krueger（1997），Krusell 等（2000），Card 和 Lemieux（2001），Acemoglu（2002）以及 Caselli 和 Coleman（2006）的定义。

替代弹性系数。

考虑到我国大学专科与大学本科的差异性，本书将劳动力分为四组，将高学历劳动力与低学历劳动力融入到生产函数中。因此，假设高学历群组与低学历群组分别为

$$N_{Lt}=\left[\theta_{SHSt}N_{SHSt}^{\frac{\sigma_{LL}-1}{\sigma_{LL}}}+\theta_{HSGt}N_{HSGt}^{\frac{\sigma_{LL}-1}{\sigma_{LL}}}\right]^{\frac{\sigma_{LL}}{\sigma_{LL}-1}} \tag{5-3}$$

$$N_{Ht}=\left[\theta_{SCOt}N_{scot}^{\frac{\sigma_{HH}-1}{\sigma_{HH}}}+\theta_{COGt}N_{COGt}^{\frac{\sigma_{HH}-1}{\sigma_{HH}}}\right]^{\frac{\sigma_{HH}}{\sigma_{HH}-1}} \tag{5-4}$$

N_{kt} 为不同受教育水平的组群，$k\in\{SHS，HSG，SCG，COG\}$，其中 SHS 代表初中及以下组，HSG 代表高中组，SCG 代表大学专科组，COG 代表大学本科组。参数 θ_{kt} 表征的是群组 N_L 与 N_H 之间相对生产率。σ_{LL} 与 σ_{HH} 分别表示高中以下组与高中组、大学专科学历组与大学本科学历组之间的替代弹性。在以往的研究中，通常假定参数 σ_{LL} 为 ∞，而没有进行明确的估计。本书运用 Katz 和 Murphy（1992）的方法，估算 σ_{LL} 的值，而不是简单假设 $\sigma_{LL}=\sigma_{HH}=\sigma_{HL}$（Bojas，2003）。

接下来，假设在每个群组 N_k 中的劳动力拥有不同水平的工作经历，同样是不完全替代关系。沿用 Welch（1979）以及 Card 和 Lemieux（2001）的设定：

$$N_{kt}=\left[\sum_{j=1}^{8}\theta_{kj}N_{kjt}^{\frac{\sigma_{EXP}-1}{\sigma_{EXP}}}\right]^{\frac{\sigma_{EXP}}{\sigma_{EXP}-1}} \tag{5-5}$$

j 将潜在工作经历分为 8 档，间隔期为 5 年，如 $j=1$ 代表潜在工作时间为 1～5 年，$j=2$ 代表在迁入地工作时间为 6～10 年，以此类推。参数 $\sigma_{EXP}>1$，衡量的是受教育水平相同，但工作时间不同的群组之间的替代弹性，θ_{kj} 为不同教育—经历组的生产率（标准化后，$\sum_{j}\theta_{kj}=1$，Borjas，2003；Borjas，& Katz，2007；Ottaviano，& Peri，2006a）。定义为本地居民（D）群组和外来人口（F）组。D_{kjt} 表示受教育程度为 k，工作经历为 j 的本地人群；F_{kjt} 表示受教育程度为 k，工作经历为 j 的外来人口，且两者的替代弹性系数为 $\sigma_{IMMI}>0$，设 N_{kjt} 为

$$N_{kjt}=\left[\theta_{Dkj}D_{kjt}^{\frac{\sigma_{IMMI}-1}{\sigma_{IMMI}}}+\theta_{Fkj}F_{kjt}^{\frac{\sigma_{IMMI}-1}{\sigma_{IMMI}}}\right]^{\frac{\sigma_{IMMI}}{\sigma_{IMMI}-1}} \qquad （5-6）$$

θ_{Dkj} 与 θ_{Fkj} 衡量了外来劳动力以及本地劳动力的生产率水平。θ_{Dkj} 与 θ_{Fkj} 与前文的 θ_{Dkj} 一样，随着教育—工作年限组群的不同而变化，但从时间的维度上看是不变的，且 $\theta_{Dkj}+\theta_{Fkj}=1$。外来劳动力在语言、劳动技能等方面存在差异，而这些差异会影响他们搜寻工作的结果，所以外来劳动力与本地劳动力之间存在不完全替代关系，即使两者有着相同的教育背景和工作经验，他们之间仍存在不完全替代性。

5.2.2　实物资本调整

对应劳动力供给以及资本边际生产率的变化，实物资本调整会有一定时滞，而调整的速度可以由实证方法估算。人口迁入对劳动力市场造成的供给冲击并不是短期现象。如果将劳动力迁入为资本存量的带来的短期影响定义为固定不变的，那么可以提出问题：这种固定影响能持续多长时间及其原因？在这种动态背景下，为了估计人口流入对平均工资水平的影响，一个重要参数就是实物资本的调整速度。从 Ramsey（1928）模型及 Solow（1956）模型中的均衡增长路径可以看出，变量 $ln（K/N）$ 仅仅受全要素生产率（lnA）的影响，而不受劳动力 N 的影响，且始终是沿着固定的增长率变化。由此可见，长期来看平均工资取决于 K/N，而不受迁入人口的影响。劳动力 N 所受到的冲击，如人口迁入，对 K/N 可能只存在暂时的影响，使其短期值低于长期均值。$ln（K/N）$ 低于长期平均值的幅度以及持续时间，取决于年迁入人口的总量以及实物资本年调整率。大量理论以及实证文献，如短期人均资本向长期均值收敛速度测算（Islam，1995；Caselli et al.，1996），以及经济周期中关于资本调整的论述（Romer，2006），提供了估计资本调整速度的可行方法，下一节将分析平均工资与资本—劳动比之间的关系。

在式（5-1）的基础上，实物资本 K_t 的变化对劳动力个体工资水平的影响通过其对不同群组 N_t 的边际生产力影响得以实现。设 w_t^N 为要素 N_t 的报酬，相当于平均工资。在竞争市场中，相当于 N 的边际生产力，因此

$$w_t^N = \frac{\partial Y_t}{\partial N_t} = \alpha A_t \left(\frac{K_t}{N_t}\right)^{1-\alpha} \qquad (5\text{-}7)$$

为了更好的表明不同类型的资本调整对平均工资 w_t^N 造成的影响，有必要假设资本存量为 $K_t = k_t N_t$，k 为资本—劳动比。因此由式（5-7）可得

$$w_t^N = \alpha A_t (k_t)^{1-\alpha} \qquad (5\text{-}8)$$

完全资本市场中，资本的边际生产率等于利率 r，又有资本折旧率 δ，可得均衡增长路径的资本—劳动比，$k_t^* = \left(\frac{1-\alpha}{r+\delta}\right)^{\frac{1}{\alpha}} A_t^{\frac{1}{\alpha}}$。将 k_t^* 代入式（5-8），意味着均衡路径下的平均工资为 $(w_t^L)^* = \alpha \left(\frac{1-\alpha}{r+\delta}\right)^{\frac{1-\alpha}{\alpha}} A_t^{\frac{1}{\alpha}}$，由此可以看出，均衡工资与劳动力 N_t 的供给无关。因此，短期来看，由迁移引起的劳动力供给的变化要对平均工资产生影响，必然要先影响资本—劳动比。假设技术进步 A 为迁移动机的外生变量，则由迁移引起的平均工资的变化率可以通过迁移引起 k 的变化率来表达。

$$\frac{\Delta w_t^N}{w_t^L} = (1-\alpha)\left(\frac{\Delta k_t}{k_t}\right)_{immigration} \qquad (5\text{-}9)$$

式中，$(\Delta k/k)_{immigration}$ 为相对迁移引致的资本—劳动比偏离率。随着资本的完全调整以及经济向均衡路径回归，$(\Delta k/k)_{immigration}$ 将趋于 0。同时，如果假设总资本为固定值，即 $K_t = \bar{K}$，则 $(\Delta k/k)_{immigratio}$ 为迁移所带来劳动力供给变化率的负数：$-\frac{\Delta F_t}{N_t}$，ΔF 为特定时期内外来劳动力迁入所引起的劳动力供给变化，N_t 为初期劳动力供应量。显然，在 1990—2006 年，外来劳动力增长 11.4% 的背景下，假设资本量不变是不符合现实的。资本对经济增长贡献率（$1-\alpha$）为 0.53[①]，意味着迁移将引起平均工资下降 3.8%。

———————————

① 近年来关于资本对 GDP 的贡献率研究中，比较具有代表性的结论有 71.2%（李宾等，2009）、59.75%（曹吉云，2007）、53.5%（陈彦斌等，2007），本书取 53.5%。

5.2.3　流动人口对工资的影响

运用式（5-1）计算在特定时间点每种类型劳动力的需求函数以及工资。设本地劳动力的边际生产率等于其工资的自然对数，记广义的教育水平 $b \in B=\{H, L\}$，具体的教育水平 $k \in E=\{SHS, HSG, SCO, COG\}$，工作经验 $j=1, 2, \cdots, 8$，可得到本地劳动力的工资率（边际生产率）为

$$\ln w_{Dbkjt}=\ln \left(\alpha A_t k_t^{1-\alpha} \right) + \frac{1}{\sigma_{HL}} \ln \left(N_t \right) +\ln \theta_{bt}- \left(\frac{1}{\sigma_{HL}} - \frac{1}{\sigma_{bb}} \right) \ln \left(N_{bt} \right) +$$

$$\ln \theta_{kt}- \left(\frac{1}{\sigma_{bb}} - \frac{1}{\sigma_{EXP}} \right) \ln \left(N_{kt} \right) +\ln \theta_{kj}- \left(\frac{1}{\sigma_{EXP}} - \frac{1}{\sigma_{IEEI}} \right) \ln \left(N_{kjt} \right) +$$

$$\ln \theta_{Dkj}- \frac{1}{\sigma_{IEEI}} \ln \left(D_{kjt} \right) \tag{5-10}$$

类似的，外来劳动力对应的工资率为

$$\ln w_{Fbkjt}=\ln \left(\alpha A_t k_t^{1-\alpha} \right) + \frac{1}{\sigma_{HL}} \ln \left(N_t \right) +\ln \theta_{bt}- \left(\frac{1}{\sigma_{HL}} - \frac{1}{\sigma_{bb}} \right) \ln \left(N_{bt} \right) +$$

$$\ln \theta_{kt}- \left(\frac{1}{\sigma_{bb}} - \frac{1}{\sigma_{EXP}} \right) \ln \left(N_{kt} \right) +\ln \theta_{kj}- \left(\frac{1}{\sigma_{EXP}} - \frac{1}{\sigma_{IEEI}} \right) \ln \left(N_{kjt} \right) +$$

$$\ln \theta_{Fkj}- \frac{1}{\sigma_{IEEI}} \ln \left(D_{kjt} \right) \tag{5-11}$$

$D_{kj}(F_{kj})$ 表示本地（外来）受教育水平为 k，工作经历为 j 的总劳动投入（工作小时数），w_{Dbkjt}（w_{Fbkjt}）表示不同劳动力群组的平均工资率。假设由 θ 以及全要素生产率 A_t 表示的相对效率参数，取决于技术要素，而与外来劳动力供给无关。

由式（5-10）及式（5-11）可知，外来劳动力对本地劳动力带来的影响可以分解为通过资本调整 $\ln \left(\alpha A_t k_t^{1-\alpha} \right)$ 带来的正效应，以及通过 N_{kjt}、N_{kt}、N_{bt} 以及 N_t 带来的影响。由以上分析可以得出初步判断：第一，外来劳动力对 b，k，j 不同的组群整体上产生一种正向的影响，原因在于外来劳动力的流入增加了所有类型劳动力的供给。不管是本地劳动力还是外来劳动力，都将受益于具有不完全替代性的不同劳动力群组供给的增加。这种影响通过 $\frac{1}{\sigma_{HL}} \ln \left(N_t \right)$ 得以实现。第二，具有相同广义教育背景（具体教育

背景不同）的外来劳动力供给会对边际生产率产生影响，这种影响通过（$\frac{1}{\sigma_{HL}}$ $-\frac{1}{\sigma_{bb}}$）ln（N_b）实现。如果拥有相同广义教育背景的劳动力相对于拥有不同广义教育背景的劳动力，相互之间更具有可替代性（$\sigma_{bb} > \sigma_{HL}$），预期为负。第三，外来劳动力的变化会对具体教育背景相同的群组产生影响。这种影响通过（$\frac{1}{\sigma_{bb}}$ $-\frac{1}{\sigma_{EXP}}$）ln（N_k）实现。如果拥有类似教育—经历背景的劳动力比拥有相同教育水平但工作经历水平不同的劳动力更具有可替代性（$\sigma_{EXP} > \sigma_{bb}$），预期为负。最后，式（5-10）中本地劳动力存量不受外来劳动力的影响，但劳动力的迁入对外来劳动力的工资会通过 $-\frac{1}{\sigma_{IMMI}}$ ln（F_{kjt}）产生负面影响，原因可能在于即使有相同的劳动技能和受教育水平，外来劳动力也不能完全替代本地劳动力。

需要说明的是，b、k、j 组的本地劳动力工资水平不仅直接受具有相同教育—经验水平的外来劳动力影响，还受其他组的外来劳动力影响以及资本调整的影响。Borjas（2003）应用面板数据，控制时间固定效应（变量 N_t）以及受教育年限带来的影响（变量 N_{bt} 及 N_{kt}），研究了具有相同群组的外来劳动力供给对本地劳动力工资水平 ln（w_{Hkjt}）造成的影响。由本地劳动力工资变化率 $\Delta w_{Dbkjt}/w_{Dbkjt}$ 对应于同一组群外来劳动力就业变化率 $\Delta F_{Dbkjt}/F_{Dbkjt}$ 表示的偏弹性，可得

$$\varepsilon_{kjt}^{partial} = \frac{\Delta w_{Dbkjt}/w_{Dbkjt}}{\Delta F_{Dbkjt}/F_{Dbkjt}}\Big|_{N_{kt},\ N_{bt},\ N_{t\,constant}} = \left[\left(\frac{1}{\sigma_{EXP}} - \frac{1}{\sigma_{bb}}\right)\left(\frac{S_{Fbkjt}}{S_{bkjt}}\right)\right] \quad (5\text{-}12)$$

S_{Fbkjt} 为 t 年支付给群组为 b，k，j 的外来劳动力工资占总工资份额。类似的，S_{bkjt} 为 t 年支付给群组为 b，k，j 总劳动力工资占总工资份额。因此，弹性 ε_{kjt} 通过式（5-10）中的 $-\left(\frac{1}{\sigma_{EXP}} - \frac{1}{\sigma_{bb}}\right)$ ln（N_{kjt}）部分，控制了外来劳动力对本地工资的影响。而如果 $\sigma_{IMMI} > \sigma_{EXP}$，该项为负，显然，不能涵盖在同一群组，外来劳动力对本地劳动力工资的所有影响。事实上，

全部影响不光取决于资本存量的变化，还取决于不同劳动力群组相应变化及其相互间的替代弹性（σ_{HL}、σ_{bb}、σ_{EXP}、σ_{IMMI}）。

5.3　数据处理与描述性统计

5.3.1　数据概述

本章使用中国家庭收入（CHIP）2002 年、2007 年、2008 年的调查数据和 2013 年全国流动人口监测调查数据。2013 年全国流动人口调查数据是由国家卫生和计生委流动人口司组织协调，中国人口与发展研究中心负责，针对全国 31 个省、直辖市、自治区和新疆生产建设兵团的流动人口进行抽样调查。该调查包括流动人口动态监测调查问卷（A）、流动人口动态监测社会调查问卷（B）、流动人口动态监测调查问卷（C）、流动人口动态监测调查问卷（D），样本容量分别为 198795 个、8785 个、16878 个、7500 个。本部分主要使用问卷（A）和问卷（D）的调查数据。与 Katz 和 Murphy（1992）的方法类似，构造出每个群组的工作时间以及平均工资。唯一不同的是本书所采用的数据为截面数据，因此需要添加构造群组的指标，本书选取年份、教育、潜在工作经历三个指标。

为了构造每个组群的工作时间，将劳动力个体归入 4 个学历组，8 个工作经历组。学历组使用变量"教育程度"，划分为学历为初中及以下、高中学历、大学及以上学历。定义工作经历为潜在工作经历，初中以下学历的潜在工作经验从 17 岁算起，高中学历的潜在工作经验从 19 岁算起，大专学历潜在工作经历从 22 岁算起，本科学历潜在工作经验从 24 岁开始，然后将其工作经历按 5 年期分为 8 个组。由人口普查资料计算得出 8 个城市中各区（县、市）外来人口占总人口比重，作为个体工作时间的权数。单位劳动力提供的劳动时间为每月工作的小时数乘以所在区（县、市）人口权重。这种按照不同群组计算得出的工作时间衡量了劳动供给。

经过以上的处理，可以得出不同城市劳动力的受教育水平（k），工作经历（j）以及劳动力变量 D_{bkjt}，工作时间 F_{bkjt} 以及平均月工资 W_{Dbkjt}，W_{Fbkjt}。这些基础变量将运用到弹性估计、模拟外来劳动力影响的实证分析之中。同时可以构造出 S_{Nbkjt} 以及 μ_{Nbkjt}，每个群组的工资占总工资的份额以及不同群组在年工作时间占总工作时间的份额，并估计出参数（σ_{HL}，σ_{bb}，σ_{EXP}，σ_{IMMI}）。

5.3.2 组群数据描述。

表 5-3 描述了 2013 年每个教育—经历组外来劳动力以及本地劳动力月工资以及周工作时间。

表 5-3　2013 年外来劳动力及城市本地劳动力月工资及周工作时间

受教育水平	工作经历	外来劳动力			本地劳动力		
		月工资（元）	周工作时间（小时）	占所在组比重（%）	月工资（元）	周工作时间（小时）	占所在组比重（%）
初中及以下组	1～5 年	2651	61.27	10.12	2471	56.26	1.5
	6～10 年	3130	61.21	15.82	2640	56.03	3.9
	11～15 年	3383	61.28	16.20	3024	50.23	7.2
	16～20 年	3366	62.83	16.86	3102	51.68	10.1
	21～25 年	3433	63.48	19.07	2849	52.58	16.3
	26～30 年	3249	63.64	14.65	2683	50.84	22.25
	31～35 年	3294	64.99	5.36	2390	49.54	32.3
	36～40 年	2742	57.85	1.92	1984	49.24	6.45
	所有组	3156	62.07		2642	52.05	
高中组	1～5 年	2731	55.81	26.39	2376	49.8	8.46
	6～10 年	3521	56.92	25.56	3207	50.33	12.52
	11～15 年	3856	58.83	19.17	3477	49.24	15.09
	16～20 年	3824	59.64	12.25	3267	49.9	15.62
	21～25 年	4072	59.27	9.15	2904	49.52	17.50
	26～30 年	4018	62.89	4.94	3018	45.96	10.49
	31～35 年	3723	59.23	1.98	2616	45.99	20.02
	36～40 年	3264	62.36	0.56	1750	39	0.29
	所有组	3626	59.37		2826	47.47	

续表 5-3

受教育水平	工作经历	外来劳动力			本地劳动力		
		月工资（元）	周工作时间（小时）	占所在组比重（%）	月工资（元）	周工作时间（小时）	占所在组比重（%）
高中及以下组	所有组	3391	60.72		2734.88	49.76	
大学组	1～5 年	3747	49.28	57.74	3068	44.74	37.78
	6～10 年	5043	50.09	25.83	4339	44.57	29.43
	11～15 年	5591	51.07	8.69	4363	43.77	14.21
	16～20 年	5186	52.06	5.12	4372	44.67	9.23
	21～25 年	5520	47.71	1.79	5538	43.58	5.03
	26～30 年	6875	47.20	0.36	4022	41.45	2.83
	31～35 年	4400	55.86	0.48	3679	42.59	1.50
	36～40 年	-	-	-	-	-	-
	所有组	5194	50.47		4197	43.62	

数据来源：2013 年中国流动人口监测数据、2010 人口普查分县统计。

第一，总体来看，外来劳动力的平均工资高于本地劳动力。从初中及以下组来看，外来劳动力平均月工资为 3156 元；本地劳动力平均月工资为 2642 元。从高中组来看，外来劳动力平均月工资为 3626 元，比初中组高出 14.89%，工资最高的经验组为 21～25 年（4072 元）；本地劳动力平均月工资为 2826 元，比初中及以下组平均工资高 6.96%。从大学组来看，外来劳动力平均月工资为 5194 元，比高中组及初中组分别高出 43.24% 以及 64.57%；本地劳动力平均月工资为 4197 元，分别比高中组及初中组高出 58.81% 及 48.48%。排除工作时间因素，外来劳动力平均工资高于本地劳动力得益于近年来劳动力供给失衡引致的"用工荒"，以及中央及各级地方政府提高外来务工人员待遇的政策导向。

第二，本地劳动力工资峰值所处年龄段普遍比外来劳动力低。从初中及以下组来看，外来劳动力工资最高的经历组为 21～25 年，为 3433 元；本地劳动力工资最高的的经验组为 16～20 年，为 3102 元。高中组外来劳动力工资最高的经验组为 21～25 年，为 4072 元；本地劳动力工资最高的经验组为 11 ~ 15 年，为 3477 元；大学组的外来劳动力工资最高的经历组为 26 ~ 30 年，为 6875 元；本地劳动力工资最高的经历组为 21 ~ 25 年，为 5538 元。由于城乡两个劳动力市场的存在，城市劳动力进入职场的通道更为便利，能在短时间内找到职业定位并发挥自身优势，因此在受教育程度相同的前提下，往往比外来劳动力更早取得事业上的成功；此外，社会资源及网络也是相关因素。

第三，外来劳动力平均工作时间普遍比本地劳动力长。从初中组到大学组分别高 19%、25% 以及 16%。有研究表明，低学历外来劳动力主要从事的职业为城市本地劳动力所不愿从事的工作时间长、工作内容重复的职业。

第四，本地劳动力平均小时工资与外来劳动力基本持平，且大学组与各教育组平均工资差距明显。将周工作小时数转换成月工作小时数，可以计算出各组小时工资，可以发现，外来劳动力三个组的平均小时工资为 12.71 元、15.26 元、25.73 元，本地劳动力三个组的平均小时工资为 12.69 元、14.89 元以及 24.05 元。

表 5-4 为各劳动组外来劳动力占所在组总工作时间比重。以 2013 年以各区（县、市）外来人口占总人口比重作为权数，对动态监测数据周工作时间作出调整，由此得出各组外来劳动力劳动时间比重。从表 5-4 可以看出，外来劳动力在每个群组中都占有较大比例。① 外来劳动力劳动时间占比按东中西部城市递减。东部城市外来劳动力在总劳动时间中所占比重最高（45.28%），中部城市次之（26.58%），西部城市最低（13.3%）；② 外来劳动力所占劳动时间比按学历上升逐次降低，其中高中及以下组所占比重为 33.6%，大学及以上所占比重为 30.62%，相差近 3 个百分点。③ 各工作经历段外来劳动力劳动时间所占比重分布较为平均，但每个城市的峰值不同，可能跟城市的产业结构有关。

表 5-4　2013 年外来劳动力工作时间占各组工作时间比重（%）

受教育水平	工作经历	城市							
		长沙	泉州	上海	苏州	无锡	武汉	西安	咸阳
初中及以下组	1～5 年	22.55	40.08	50.75	43.96	30.83	30.54	29.63	4.57
	6～10 年	28.60	41.36	63.51	44.15	28.17	26.42	26.55	5.90
	11～15 年	24.43	45.19	68.50	43.90	29.54	28.79	21.67	4.36
	16～20 年	23.33	46.92	70.33	48.25	31.07	27.45	22.37	4.37
	21～25 年	24.82	43.70	69.49	44.93	29.49	27.57	23.47	4.92
	26～30 年	25.88	42.22	69.04	45.40	29.36	29.04	26.21	4.84
	31～35 年	28.08	40.47	69.94	43.74	30.91	33.47	26.52	4.43
	36～40 年	21.84	41.42	66.79	45.41	30.70	28.94	16.24	4.88
	所有组	24.94	42.67	66.04	44.97	30.01	29.03	24.08	4.78
高中组	1～5 年	22.49	40.93	69.67	47.37	29.77	31.09	22.17	4.09
	6～10 年	23.07	45.97	67.06	50.56	30.25	29.32	24.44	3.85
	11～15 年	24.26	46.22	66.62	48.69	29.80	28.70	21.88	4.41
	16～20 年	24.44	43.69	69.22	48.54	27.10	32.85	22.47	4.09
	21～25 年	24.29	42.70	67.69	43.82	29.33	30.44	24.95	4.18
	26～30 年	26.29	46.09	69.39	45.24	31.25	33.04	26.12	4.64
	31～35 年	23.92	45.41	73.51	46.74	26.38	26.73	18.81	3.76
	36～40 年	24.32	19.72	68.00	48.49	48.79	30.04	26.12	3.94
	所有组	24.13	41.34	68.90	47.43	31.58	30.28	23.37	4.12
高中及以下组	所有组	24.54	42.01	67.47	46.20	30.80	29.65	23.73	4.45
大学组	1～5 年	22.05	43.19	64.35	45.77	30.34	26.66	28.03	4.13
	6～10 年	23.21	40.38	64.72	46.20	29.68	29.25	26.11	3.93
	11～15 年	22.29	40.17	64.62	49.87	32.46	34.97	24.46	3.43
	16～20 年	23.96	38.32	62.69	47.51	29.69	21.53	24.77	4.62
	21～25 年	17.25	41.32	67.76	40.71	18.79	38.13	20.79	4.08
	26～30 年	27.67	20.25	61.85	44.29	13.75	39.15	15.93	3.73
	31～35 年	31.45	43.47	47.33	31.92	31.78	0	0	0
	36～40 年	0	0	0	0	0	0	0	0
	所有组	23.98	38.16	61.90	43.75	26.64	27.10	20.01	3.42
所有组		24.35	40.72	65.61	45.38	29.41	28.80	22.49	4.11

数据来源：2013 年中国流动人口监测数据、2010 人口普查分县统计。

表 5-5 为每个劳动组 2013 年本地劳动力的真实工资水平。① 从受教育水平层面看，工资与学历呈正相关关系。初中组本地劳动力平均工资为 2617 元，高中组为 3006 元，比初中组高约 14.86%，大学组为 4034 元，比初、高中组分别高约 54.15% 和 34.19%。② 从地区层面看，东部地区本地劳动力收入比中西部地区分别高约 8.11% 和 22.82%。③ 从工作经历层面看，在初中组，工作经历为 16 ～ 20 年，年龄段约为 33—37 岁人群工资水平最高，比该组平均水平高约 14.49%；高中组工资水平最高的工作经历段同为 16 ～ 20 年，比平均水平高约 10.85%；在大学组，工资水平最高的工作经历段为 21 ～ 25 年，比平均水平高 23.59%。可见，高学历劳动力收入峰值年龄段比低学历劳动力要来的晚。

表 5-5　2013 年本地劳动力月工资（元）

受教育水平	工作经历	城市							
		长沙市	泉州市	上海市	苏州市	无锡市	武汉市	西安市	咸阳市
初中及以下组	1 ～ 5 年	1825	2033	2007	1500	2229	1817	5775	2000
	6 ～ 10 年	4700	2652	1872	2267	2379	2254	2522	1800
	11 ～ 15 年	3968	2997	2007	2794	2680	3328	3178	1808
	16 ～ 20 年	4712	3289	1986	3534	3427	2932	1918	2173
	21 ～ 25 年	2672	3435	2246	2925	3361	2375	2216	2631
	26 ～ 30 年	3220	2500	2065	3215	2851	2241	2609	2138
	31 ～ 35 年	3193	2679	2128	2236	3011	2060	3130	3414
	36 ～ 40 年	2104	2837	1885	1984	2113	1768	1483	2392
	所有组	3299	2803	2025	2557	2756	2347	2854	2295
高中组	1 ～ 5 年	2588	2324	2390	2676	2511	1673	3290	2036
	6 ～ 10 年	5260	3149	2868	2974	2845	2512	2664	2422
	11 ～ 15 年	4608	5703	2773	3227	4289	2803	2544	2677
	16 ～ 20 年	4544	3964	2786	3562	3071	2576	2543	2744
	21 ～ 25 年	3037	3719	2755	3227	3640	2803	2346	2716
	26 ～ 30 年	4152	3246	3144	4430	3275	2384	2363	2329
	31 ～ 35 年	3282	4094	2586	2775	2156	1915	3042	2684
	36 ～ 40 年	2556	3275	2550	3636	3290	1988	2149	2298
	所有组	3753	3684	2732	3313	3135	2332	2618	2488

续表 5-5

受教育水平	工作经历	城市							
		长沙市	泉州市	上海市	苏州市	无锡市	武汉市	西安市	咸阳市
高中及以下组	所有组	3513	3218	2357	2913	2934	2340	2743	2386
大学组	1～5 年	3172	3022	3738	3130	2971	2686	3044	2641
	6～10 年	4642	4136	5582	4575	4158	3683	4107	2830
	11～15 年	4965	3669	6721	4688	3711	3539	3073	2793
	16～20 年	3940	3650	6784	4713	4402	3160	3224	2838
	21～25 年	4511	3287	8705	6439	4918	3646	5570	2813
	26～30 年	4129	4033	5050	5000	4757	3888	4171	3389
	31～35 年	3125	4050	2875	2570	4078	3367	2800	3167
	36～40 年	3000	4050	6500	6000	4620	3600	3000	3100
	所有组	3936	3737	5744	4639	4202	3446	3624	2946

数据来源：2013 年中国流动人口监测数据、2010 人口普查分县统计。

表 5-6 描述了外来劳动力相对于本地劳动力的工资比。① 总的来看，外来劳动力平均工资高于本地劳动力，高出比例为 11%～49.5%。其中上海市两个劳动组的工资差异最大，其次为武汉市与咸阳市，这种现象一方面与近年来由 "用工荒" 引致外来务工人员工资水平上涨有关，另一方面也与外来务工人员平均工作时间比较长有关。② 从受教育程度层面看，受教育程度越高，外来劳动力与本地劳动力工资比越低。其中初中组为 1.27，高中组 1.25，而大学组为 1.15。上一章分析结果表明，由于行业与职业隔离，低学历外来劳动力在城市劳动力市场中所从事的职业与城市本地劳动力具有一定互补性，而高学历外来人口面临的竞争性更强，所以与本地劳动力工资水平相比，差额较小。

表 5-6 2013 年外来劳动力与本地劳动力工资比

受教育水平	工作经历	城市							
		长沙市	泉州市	上海市	苏州市	无锡市	武汉市	西安市	咸阳市
初中及以下组	1～5 年	1.39	1.30	1.34	1.85	1.23	1.42	0.45	0.97
	6～10 年	0.73	1.10	1.60	1.47	1.28	1.40	1.25	1.48
	11～15 年	0.90	1.09	1.68	1.25	1.16	1.10	1.03	1.83
	16～20 年	0.70	1.03	1.65	1.01	0.98	1.12	1.70	1.45
	21～25 年	1.40	0.95	1.56	1.23	0.96	1.48	1.50	1.24
	26～30 年	1.05	1.25	1.70	1.00	1.02	1.49	1.35	1.51
	31～35 年	0.99	1.06	1.56	1.48	1.07	1.88	1.05	1.07
	36～40 年	1.50	0.75	1.31	1.50	1.49	1.61	1.42	1.12
	所有组	1.08	1.07	1.55	1.35	1.15	1.43	1.22	1.33
高中组	1～5 年	1.00	1.15	1.25	1.08	1.19	1.60	0.72	1.20
	6～10 年	0.63	1.01	1.19	1.33	1.12	1.52	1.21	1.39
	11～15 年	0.89	0.74	1.68	1.24	0.89	1.20	1.26	1.34
	16～20 年	0.86	1.10	1.67	1.06	1.50	1.63	1.17	1.17
	21～25 年	1.29	0.90	1.92	1.48	1.18	1.32	1.61	1.54
	26～30 年	0.94	1.12	1.48	0.95	1.63	1.94	1.80	1.30
	31～35 年	1.43	0.58	0.98	1.13	1.79	2.04	1.30	1.26
	36～40 年	1.94	0.76	1.13	0.48	0.71	1.16	1.86	1.28
	所有组	1.12	0.92	1.41	1.09	1.25	1.55	1.37	1.31
高中及以下组	所有组	1.10	0.99	1.48	1.22	1.20	1.49	1.29	1.32
大学组	1～5 年	1.03	1.04	1.22	1.33	1.23	1.24	0.89	1.21
	6～10 年	0.79	0.90	1.14	1.09	1.20	1.11	0.94	1.27
	11～15 年	0.87	0.99	1.05	1.38	1.15	1.02	1.38	1.17
	16～20 年	1.03	1.88	0.79	1.20	1.27	0.85	1.45	1.34
	21～25 年	0.97	1.05	0.96	1.15	0.20	1.59	0.70	1.44
	26～30 年	1.29	2.48	0.91	1.57	0.63	1.45	0.66	1.18
	31～35 年	1.44	0.85	4.17	1.17	0.92	1.19	0.61	0.95
	36～40 年	1.50	0.85	1.85	0.50	0.81	1.11	0.57	0.97
	所有组	1.12	1.25	1.51	1.17	0.93	1.20	0.90	1.19
所有组		1.11	1.12	1.46	1.19	1.07	1.35	1.09	1.26

数据来源：2013 年中国流动人口监测数据、2010 人口普查分县统计。

表 5-7 展示了 8 个城市 2013 年每个教育—经历组由于劳动力迁入引起的本地劳动力周工作时间以及月工资的变动率。① 可以粗略看出，在 3 个教育组中，由于外来劳动力的迁入，本地劳动力的劳动时间有不同程度的降低。当外来劳动力工作时间增加 10%，本地劳动力劳动时间降幅在 1.7% ~ 3.95%，其中高中学历的本地劳动力工作时间将减少 3.15%，其次是初中及以下组（-2.96%），大学组（-2.6%）。② 外来劳动力劳动时间上升会降低初中及以下组本地劳动力的平均工资，但会提高高中及以上本地劳动力工资率。外来劳动力占总劳动投入的比重每上升 10%，将会降低初中组工资率的 1.9%，提高高中组工资率的 2.16%，大学组 8.39%。③ 各个组群中本地劳动力的真实工资与外来劳动力所占比列并没有显著的负向关系。外来劳动力的进入造成本地劳动力工作时间减少的同时，只有初中组的工资率会降低，而高中及以上劳动组的工资却会上升。

表 5-7　外来劳动力对本地劳动力周工作时间及月工资影响的初步估计

工作经历	初中及以下组		高中组		大学及以上组	
	外来劳动力对本地劳动力工作时间影响	外来劳动力对本地劳动力工资影响	外来劳动力对本地劳动力工作时间影响	外来劳动力对本地劳动力工资影响	外来劳动力对本地劳动力工作时间影响	外来劳动力对本地劳动力工资影响
1 ~ 5 年	-0.17	-0.327	-0.322	0.0838	-0.282	0.494
6 ~ 10 年	-0.147	-0.122	-0.356	0.0538	-0.296	0.943
11 ~ 15 年	-0.318	-0.134	-0.303	0.254	-0.249	1.205
16 ~ 20 年	-0.346	-0.0582	-0.364	0.117	-0.295	1.428
21 ~ 25 年	-0.345	-0.0218	-0.331	0.171	-0.247	1.167
26 ~ 30 年	-0.339	-0.0704	-0.246	0.54	-0.192	0.474
31 ~ 35 年	-0.395	-0.818	-0.348	0.129		0.16
36 ~ 40 年	-0.306	0.03	-0.246	0.38		
所有组	-0.296	-0.190	-0.315	0.216	-0.260	0.839

由于每个组的样本量偏少，显然这些初步判断并不能解释人口迁移对工资的影响。接下来，本书运用合理的数理模型来估计各劳动组的弹性以及计算迁移带来的劳动力供给变化给实际工资变化带来的影响。

图 5-1 得到相似结论，不同的教育—经历组外来劳动力与本地劳动力劳动投入比与工资率比之间的关系，与预想的负相关关系不同，不同教育

群组中劳动力迁入与工资的关系大致为驼峰型，意味着外来劳动力与工资水平之间可能存在正向的相关性，或者两者之间根本没相关性。

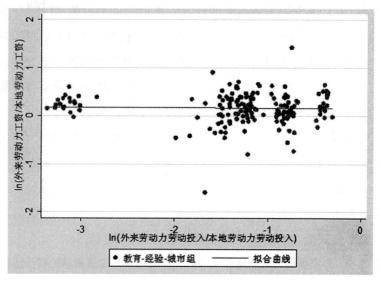

图5-1　相对工资比与相对劳动投入比散点

5.4　参数估计

5.4.1　估计 σ_{IMMI}

σ_{IMMI} 表示每个教育一经历组中外来劳动力与本地劳动力之间的替代弹性。这个参数最先由 Ottaviano 和 Peri（2006a），利用美国的数据估计得出，Manacorda 等（2006）估计出英国的参数值，D'Amuri 等（2008）估计出德国的参数值。本地劳动力与外来劳动力之间不完全替代关系结论的得出建立在过去大量的研究之上，研究还发现，在同一群组中，相对于本地劳动力，新进入的外来劳动力对先前迁入的劳动力的工资水平影响更大，[①]一些实证论文（Ottaviano, & Peri, 2006a; Peri, & Sparber, 2008）也得出类似结

---

① 参见 Grossman（1982），Card（2001）中关于该问题的结论。

论，即使在相同的教育及年龄组，外来劳动力所获得的工作与岗位通常会与本地劳动力不同，在技能构成方面（如语言及劳动技能）也互不相同。

由式（5-10）与式（5-11）可以得出下式，由此可以估计出参数 1/ σ_{IMMI}：

$$\ln\left(w_{Fbkj}/w_{Dbkj}\right) = \ln\left(\frac{\theta_{Fkj}}{\theta_{Dkj}}\right) - \frac{1}{\sigma_{IMMI}}\ln\left(F_{kbt}/D_{kbt}\right) \qquad (5\text{-}13)$$

w_{Fbkj}/w_{Dbkj} 为教育组 k（广义教育组为 b），经历组为 j 中外来劳动力与本地劳动力之间的相对工资；F_{kbt}/D_{kbt} 度量的是上述两个群组的相对劳动时间，$\theta_{Fkj}/\theta_{Dkj}$ 为外来劳动力—本地劳动力的相对生产率。可以看出 $\theta_{Fkj}/\theta_{Dkj}$ 在每个教育—经历组中是不同的，但不随时间变化而变化。同时，将外来人口比例加入到式（5-13）中，可得

$$\ln\left(w_{Fbkj}/w_{Dbkj}\right) = I_{kj} - \frac{1}{\sigma_{IMMI}}\ln\left(F_{kbt}/D_{kbt}\right) + u_{kbj} \qquad (5\text{-}14)$$

I_{kj} 为潜在工作经历的固定效应，u_{kbj} 为误差项。回归结果如表 5-8 所示。在表 5-8 中，将教育年限、潜在工作经历都加入到回归方程中。列（1）为所有组的回归结果；考虑到地区间经济发展差异，列（2）为东部城市样本回归结果，列（3）为中西部城市；不同工作经历的劳动力对工资有着不同影响，列（4）为仅用具有高中或以下学历的样本进行估算，列（5）将样本限制在潜在工作经历在 20 年以内。

表 5-8　$-1/\sigma_{IMMI}$ 估计结果

变量名	（1）全部样本	（2）东部城市	（3）中西部城市	（4）高中及以下	（5）工作经历 <20 年
外来劳动力比率	−0.063**	−0.025**	−0.028**	−0.012**	−0.072**
	（−2.20）	（−2.34）	（−2.77）	（−3.37）	（−4.01）
受教育年限	−0.124*	−0.127	−0.105	−0.0911	−0.168
	（−1.68）	（−1.16）	（−1.16）	（−1.17）	（−1.18）
潜在工作年限	0.0306	−0.0431	0.0917***	0.0327	0.0200
	（1.22）	（−1.04）	（3.32）	（1.18）	（0.09）
常数项	0.258*	0.658***	0.0515	0.198	0.360
	（1.84）	（3.00）	（0.30）	（1.44）	（0.41）
N	1512	600	912	1008	756

注 * $p< 0.1$，** $p< 0.05$，*** $p< 0.01$。

表 5-8 为 $-1/\sigma_{IMMI}$ 的估计值，可以看到：① $-1/\sigma_{IMMI}$ 分布区间为 $-0.072 \sim -0.012$，均值约为 -0.04，意味着弹性 $\sigma_{IMMI}=25$。② 可以看到不管是东部城市组、中西部城市组还是综合组，估计结果都没有很大差异。从列（2）来看，如果仅仅使用东部城市数据，估计出来的 $1/\sigma_{IMMI}$ 会较小。③ 表中用教育水平较低或潜在工作经验较短的年轻劳动力数据，探索了是否还有更小而又更显著的不完全替代弹性，可看到估计结果没有显著变化。因为年轻劳动力的流入，受教育程度较低的外来劳动力通常被认为会给本地受教育程度较低的劳动力带来很大的竞争效应，与此相关的是，即使是这种有着高度竞争关系的劳动力群组，依然存在不完全的可替代性。由此可以得出，在受教育程度较低的群组，外来劳动力与本地劳动力之间仍然存在着不完全替代关系。

5.4.2 估计 σ_{EXP}

对于效率变量 θ_{Dkj} 与 θ_{Fkj}，由固定效应 $\hat{I}_{kj}$ 以及式（5-14）可得

$$\hat{\theta}_{Fkj} = \frac{\exp(\hat{I}_{kj})}{1+\exp(\hat{I}_{kj})} , \quad \hat{\theta}_{Dkj} = \frac{1}{1+\exp(\hat{I}_{kj})} \tag{5-15}$$

利用 $\hat{\theta}_{Fkj}$、$\hat{\theta}_{Dkj}$ 及 $\hat{\sigma}_{IMMI}$ 的估计值，可以估计劳动集的投入：

$$N_{kj} = \left[\hat{\theta}_{Fkj}D_{kj}^{\frac{\hat{\sigma}_{IMMI}-1}{\hat{\sigma}_{IMMI}}} + \hat{\theta}_{Fkj}F_{kj}^{\frac{\hat{\sigma}_{IMMI}-1}{\hat{\sigma}_{IMMI}}}\right]^{\frac{\hat{\sigma}_{IMMI}}{\hat{\sigma}_{IMMI}-1}} \tag{5-16}$$

又由式（5-10）和式（5-11）可得

$$\ln(\overline{W}_{kj}) = \ln\left(\alpha A^{\frac{1}{\alpha}}k^{\frac{1-\alpha}{\alpha}}\right) + \frac{1}{\sigma_{HL}}\ln(N) + \ln\theta_b - \left(\frac{1}{\sigma_{HL}} - \frac{1}{\sigma_{bb}}\right)\ln(N_b) +$$

$$\ln\theta_k - \left(\frac{1}{\sigma_{HL}} - \frac{1}{\sigma_{bb}}\right)\ln(N_k) + \ln\theta_k - \frac{1}{\sigma_{EXP}}\ln(N_{kj}) \tag{5-17}$$

$\overline{W}_{kj} = w_{Fbkj}(F_{kj}/N_{kj}) + w_{Dbkj}(D_{kj}/N_{kj})$ 为支付给教育—经历组 k,j 的平均工资，也可以被看作是单位 N_{kj} 投入的报酬。式（5-17）为估计参数 $1/\sigma_{EXP}$ 提供了可能。于是，实证模型可以设定如下：

$$\ln(\overline{W}_{kj}) = I + I_k - \frac{1}{\sigma_{EXP}}\ln(N_{kj}) + e_{kj} \tag{5-18}$$

时间固定效应 I_t 控制变量 $\ln\left(\alpha A^{\frac{1}{\alpha}} k^{\frac{1-\alpha}{\alpha}}\right) + \frac{1}{\sigma_{HL}} \ln(N)$，受教育年限的固定效应 I_{kt} 控制了变量 $\ln\theta_b - \left(\frac{1}{\sigma_{HL}} - \frac{1}{\sigma_{bb}}\right)\ln(N_b) + \ln\theta_k - \left(\frac{1}{\sigma_{HL}} - \frac{1}{\sigma_{bb}}\right)$ $\ln(N_k)$，教育—经历固定效应 I_{kj} 控制了变量 $\ln\theta_{kj}$，e_{kj} 代表了特定教育—经历组的随机项。

表 5-9 报告了 $-1/\sigma_{EXP}$ 的估计值。列（1）用的是全部样本数据，列（2）用的是东部城市数据，列（3）用的中西部城市数据，列（4）用高中及以下劳动力数据，并引入就业率作为工作时间的工具变量，列（5）为忽略潜在工作经历大于 20 年的数据。

表 5-9　$-1/\sigma_{EXP}$ 的估计结果

变量名	（1）全部样本	（2）东部城市	（3）中西部城市	（4）高中及以下	（5）工作经历 <20 年
受教育年限	0.693***	0.779***	0.524***	0.574***	0.641***
	（9.24）	（8.43）	（4.70）	（4.52）	（6.68）
潜在工作年限	0.0863***	0.115***	0.0504*	0.163***	0.142***
	（4.22）	（4.05）	（1.88）	（3.61）	（5.32）
常数项	5.703***	5.906***	6.106***	6.283***	5.314***
	（13.19）	（10.76）	（8.75）	（7.58）	（8.89）
N	1512	600	912	1008	756

注：*p<0.1，**p< 0.05，**p< 0.01。

在分析表 5-9 的结果之前，先回顾已有文献中对于弹性 $-1/\sigma_{EXP}$ 的估计结果。其中最有影响力的是，① Welch 将劳动力分为 4 个教育组群，按经验划分为 5 个工作组，估计得出的 $-1/\sigma_{EXP}$ 介于 -0.08 到 -0.218 之间，对应的弹性介于 4.6 到 12 之间。② Katz 与 Murphy 将劳动力分为两个经历组（将 1～5 年潜在工作经历划为年轻组，将 26～35 年潜在工作经历划为老年组），得出对应的弹性系数为 3。③ Card 与 Lemieux（2001）使用美国"婴儿潮"出生的劳动力数据估计得出 $-1/\sigma_{EXP}$ 介于 -0.107 与 -0.237 之间，弹性系数为 4.2 到 9.3 之间。

由表 5-9 的列（1）与列（2），即综合组与东部城市组得出的估计值分布在 Welch（1979）估计区间内，同时也分布在 Card 与 Lemieux（2001）

估计区间内。总而言之，σ_{EXP} 的估计结果介于 3.1 至 10 之间，该结果与 Welch（1979），Card 和 Lemieux（2001）的估计结果大体一致。

5.4.3　估计 σ_{EDU}，σ_{HL}，σ_{LL} 及 σ_{HH}

进一步，可以构造包含 $\hat{N}_{kt}$ 的 CES 函数。由式（5-18）的教育固定效应，得到参数 $\hat{\theta}_{kj}$ 的估计值 $\hat{\theta}_{kj}=\exp(\hat{I}_{kj})/\sum\exp(\hat{I}_{kj})$。然后由式（5-5）以及前文得出的 σ_{EXP} 可以得到 $\hat{N}_k=\left[\sum_{j=1}^{8}\hat{\theta}_{kj}N_{kj}^{\frac{\hat{\sigma}_{exp}-1}{\hat{\sigma}_{exp}}}\right]^{\frac{\hat{\sigma}_{exp}}{\hat{\sigma}_{exp}-1}}$。给定生产函数以及边际成本，可以得到投入劳动力所得工资，其供给数量满足下式：

$$\ln(\overline{W}_{kj})=\ln\left(\alpha A^{\frac{1}{\alpha}}k^{\frac{1-\alpha}{\alpha}}\right)+\frac{1}{\sigma_{HL}}\ln(N)+\ln\theta_b-\left(\frac{1}{\sigma_{HL}}-\frac{1}{\sigma_{bb}}\right)\ln(N_b)+$$

$$\ln\theta_k-\frac{1}{\sigma_{bb}}\ln(N_k) \qquad\qquad (5\text{-}19)$$

式中，$\overline{W}_{kj}=\sum_j\frac{N_{kh}}{N_k}\overline{W}_{kj}$ 为教育组 k 的平均工资。使用式（5-19）来估计 $1/\sigma_{bb}$ 的问题在于只有 8 个城市的观测样本，同时还需要允许特定教育时间的时间趋势性的存在，以此得到 $\ln\theta_k$。这样一来，估计每个组别的 σ_{HH}、σ_{LL} 及 σ_{HL} 将会出现自由度不足的问题。因此，只能假设 $\sigma_{HH}=\sigma_{LL}=\sigma_{HL}=\sigma_{EDU}$，由式（5-19）可得

$$\ln(\overline{W}_k)=\ln\left(\alpha A^{\frac{1}{\alpha}}k^{\frac{1-\alpha}{\alpha}}\right)+\frac{1}{\sigma_{EXP}}\ln(N)+\ln\theta_k-\frac{1}{\sigma_{EDU}}\ln(N_k) \qquad (5\text{-}20)$$

如果假设 $\ln\left(\alpha A^{\frac{1}{\alpha}}k^{\frac{1-\alpha}{\alpha}}\right)+\frac{1}{\sigma_{EXP}}\ln(N)$ 可以被一般固定效应（或时间趋势项）涵盖，式（5-20）可以用 24 个样本（4 个教育组跨期 6 年）估计出来，同时特定教育组的生产率可以归入特定教育项。如此可得

$$\ln(\overline{W}_k)=I_t-\frac{1}{\sigma_{EDU}}(\hat{N}_k)+e_k \qquad\qquad (5\text{-}21)$$

Borjas（2003），Ottaviano 和 Peri（2006a）以及 Borjas 和 Katz（2007）假设同一群组中外来劳动力就业率的变化源自劳动力供给的变化。实际上

这种假设是不能被估计出来的，原因在于限制条件 $\sigma_{HH}=\sigma_{LL}=\sigma_{HL}=\sigma_{EDU}$。这一限制条件对于估计迁移对工资的影响甚微。

为表 5–9 展示了 $-1/\sigma_{EDU}$ 的估计值。列（1）中估计出全部样本的弹性系数，列（2）东部城市的弹性系数，列（3）中西部城市弹性系数。用全部样本估计出弹性系数均值为 -0.56，意味着 $\sigma_{EDU}=1.8$，考虑到地区差异，东部地区的 $1/\sigma_{EDU}$ 为 0.28，中西部地区为 0.65，意味着 σ_{EDU} 介于 1.7 至 3.6 之间。

5.5　数值模拟结果及分析

本节开始计算外来劳动力对本地劳动力以及外来劳动力的影响。在上文估计得出的相关参数基础上，运用各组群中外来劳动力的实际流动数量来计算外来劳动力对本地以及外来劳动力工资水平的影响。

已有的实证研究（Borjas，Freeman，& Katz，1997；Card，2001；Friedberg，2001；Borjas，2003；Borjas，2006）运用不同劳动组（常常运用教育—经历组）估计本地劳动力工资对于外来劳动力的偏弹性，并将其定义为"迁移对工资的影响"。如式（5–12）所述，这种偏效应为外来劳动力对工资所造成的实际总效应。为估计该效应水平，需要考虑外来人口在各个技能组的分布状况、组与组之间的交叉效应以及资本的调整。更重要的是，相对于外来人口与本地劳动力之间有着更高替代性的群组，替代性较差的组群偏弹性更趋向于负相关关系。

在对数据模拟之前，还需要假设 10 年中各劳动组之间的替代弹性未发生改变。[1]

5.5.1　外来劳动力对城市工资长期效应

表 5–10 为不考虑资本调整因素，运用式（24）、（25）对城市工

---

[1]　王桂新（2001）运用上海流动人口数据，认为外来劳动力与本地劳动力之间主要为补缺而不是替代关系，本书第 4 章得出相似结论，因此有理由认为近 10 年来外来劳动力与本地劳动力之间的替代弹性未发生显著变化。

资率受外来劳动力的影响进行模拟。[①]首先，运用上文得出的相关参数 σ_{IMMI}、σ_{EXP}、σ_{HL}、σ_{HH}、σ_{LL} 以及各组群中外来劳动力占总劳动力百分比的变化，可以计算出每个组群（k, j）中本地以及外来劳动力真实工资变动比率。表 5–10 中列第 2 列至第 4 列表示的是每个仿真中所运用的弹性系数，其中第 2 列及第 3 列为上文已经估计出的参数上限及下限值，第 4 列为参考已有文献得出的校准值。其次，按受教育程度差异区分出表 5–10 所列"初中及以下组""高中组""大学专科组"以及"大学本科组"工资变化比率。最后，对本地以及外来劳动力的变化取均值，仍然用工资比重作为权数，得到总体工资变动水平。

表 5–10　外来劳动力对城市工资长期效应

参数值				本地劳动力			外来劳动力		
	低	高	校准		低	高	加权值	低	高	加权值
σ_{HL}	1.92	2.7	2	初中	−0.34%	0.35%	0.22%	−4.53%	−5.72%	−4.41%
σ_{HH}	5.26	14.28	10	高中	−0.19%	0.22%	0.15%	−6.25%	−6.32%	−6.16%
σ_{LL}	27.03	37.04	20	大学专科	0.38%	0.53%	0.47%	−4.81%	−4.42%	−4.70%
σ_{EXP}	1.28	1.91	2	大学本科	0.65%	1.05%	0.85%	−7.23%	−6.11%	−7.01%
σ_{IMMI}	13.89	35.71	20	均值	0.14%	0.53%	0.42%	−5.90%	−6.31%	−6.07%

注：表中的百分比为外来劳动力在各组群中所提供劳动时间占比每上升10%，引起城市劳动力工资水平变化幅度。

表 5–10 还报告了外来劳动力对前期迁入外来人口工资的影响，以往文献较少涉及这一部分的研究。

第 9 列为用各参数的下限值估计出外来劳动力对本地劳动力工资的影响，第 10 列为各参数上限值估计出外来劳动力对本地劳动力工资的影响，第 11 列的估计结果表示了外来劳动力引起的供给冲击对工资影响的期望值。在不考虑资本调整的基础上，得出如下结论：

第一，外来劳动力刺激了城市本地劳动力工资收入上升。用各参数最低值模拟的结果显示，外来劳动力对初中学历（−0.34%）以及高中学历

①　假设规模收益不变，即 K 与 N 的变化不影响收益率的变化，又因为假设外来人口对生产率无影响，因此在长期（$\Delta K/k_t$）$immigration$，即资本得到充分调整后对工资产生的影响为 0。

（–0.49%）的本地劳动力有轻微的负向影响，对受教育程度为大学专科（+0.38%）及大学本科（+0.65%）的本地劳动力有正向影响。通过加权后发现外来劳动力在各组中所占比重对本地劳动力工资只存在正效应，即各劳动组外来劳动力提供的劳动时间占总劳动时间比重每上升 10%，本地劳动力中的工资率按不同劳动组分别增加 0.22%（初中组）、0.15%（高中组）、0.47%（大专组）以及 0.85%（本科组）。

第二，外来劳动力降低了城市外来劳动力工资收入。表 5–10 第 9 列至第 10 列为外来劳动力在各组中所占劳动时间比重对外来劳动力工资率的影响。各教育组的工资率受外来人口比重的增加会出现不同程度的下降。其中，大学本科组受到的冲击最大，外来劳动力每上升 10%，将会引致城市中受过大学本科教育的外来劳动力工资下降 7.01%，其次为高中组（–6.16%）、大专组（–4.7%）及初中组（–4.41%）。

既然本地劳动力与外来劳动力的不完全替代性很小（介于 13 到 35），则足够产生巨大差异，特别对高中以下学历组以及外来劳动力的工资来说。以高中组为例，如果取 $\sigma_{/MML}=20$，则高中学历的本地劳动力工资会从 –0.19% 上升到 0.22%。由此可见，新进入的劳动力加剧了就业市场竞争，但这种竞争主要是先后进入的外来劳动力之间内部的竞争。平均来讲，本地劳动力工资之所以能有细微上升，在于其与外来劳动力之间的不完全替代性，与此同时，之前进入的外来劳动力的真实工资水平会下降 6% 左右。

5.5.2 外来劳动力对城市工资短期效应

实物资本调整需要多久才能回到长期均衡水平？资本调整之后，外来劳动力对工资短期影响如何？如前文所述，资本调整仅仅对每个组群的工资变化增加了一个非零项 $(1-\alpha)\left(\dfrac{\Delta k_t}{k_t}\right)_{immigration}$。[①] 因此，每个教育组工资做出的相应调整从短期来看与长期看是不同的。

-119-

---

① 本书依照单豪杰（2007）计算方法得到 2007—2012 年各城市劳均资本存量。

表 5-11 中的弹性系数来自表 5-10 中第 4 列的参数。列（1）展示了 2007 年劳动力流动对工资造成的影响，列（2）展示了 2012 年的影响。作为对比，列（4）展示了如果资本存量不变，工资受到的影响。

表 5-11 外来劳动力对城市真实工资的影响

劳动组	（1）短期	（2）中期	（3）长期	（4）资本固定
对本地劳动力真实工资影响				
初中及以下	−0.53%	−0.42%	0.22%	−1.38%
高中	−0.48%	−0.22%	0.15%	−2.07%
大学专科	−0.02%	0.05%	0.47%	−2.23%
大学本科	−0.45%	−0.11%	0.85%	−2.16%
平均影响	−0.5%	0%	0.42%	−2.77%
对外来劳动力真实工资影响				
初中及以下	−0.53%	−5.66%	−4.41%	−6.11%
高中	−0.78%	−8.1%	−6.16%	−8.3%
大学专科	−0.49%	−5.3%	−4.7%	−6.47%
大学本科	−7.0%	−7.2%	−7.01%	−10.81%
平均影响	−6.7%	−6.3%	−6.07%	−8.8%
对城市所有劳动力影响	−1.2%	−0.7%	0.0%	−4.2%

注：表中的百分比表示外来劳动力在各组群中所提供劳动时间占比每上升 10%，引起城市劳动力工资水平变化的幅度。

用不同方法估计迁移对本地居劳动力工资的影响存在显著差异，即资本的短期调整和假设资本不变所得到的结果存在较大差异。如果不考虑短期资本调整，将会对本地劳动力工资产生近 3% 的负面影响（列（1）与列（4）的区别）。可以看到，仅仅 5 年时间，短期效应与长期效应之间的差距缩小了 42%，对本地劳动力平均工资影响等于 0，对长期影响为 −0.7%。新迁入的外来劳动力对早期迁入的外来劳动力的工资影响为 −8.8% 至 −6.07%，因为这个群体与新进入的劳动力之间存在高度竞争。

由于资本调整，外来劳动力所占比重对城市工资水平的影响存在滞后效应。第一，从短期来看，外来劳动力在短期内对高中及以下学历的本地劳动力平均工资存在轻微的负向影响（−0.48% 至 −0.5%），对本地大学专科及大学本科劳动力的影响分别为 −0.45% 及 −0.02%；第二，从中期来看，外来劳动力对本地劳动力工资率的影响会有不同程度的降低，初中至大学

组依次为 –0.42%、–0.22%、0.05% 及 –0.11%，外来劳动力各学历组的影响分别为 –5.66%、–8.1%、–5.3% 及 –7.2%。第三，从长期来看，对本地劳动力工资的影响均为正，相对于本地劳动力，对外来劳动力工资影响较大，高中及以下劳动力分别为 –0.78% 至 –0.53%，对大学组外来劳动力的影响为 –0.49% 至 –7%。

在资本完全调整的前提下，外来劳动力提供劳动时间在各群组比重的上升，会引致本地劳动力工资率的上升，上升幅度为 0.15% 至 0.85%；同质劳动力之间的竞争主要集中在外来劳动力内部，外来劳动力工作时间比重每上升 10%，会引致外来劳动力工资下降 4.41% 至 7.01%。

不同受教育水平的本地及外来劳动力工资，对新进入的外来劳动力会出现不同变化趋势。从高中及以下组来看，外来劳动力的进入，短期内会对本地劳动力造成轻微负向影响，而长期影响为正；对外来劳动力工资的影响，不管短期还是长期，都会比较大。高中及以下学历的劳动力在 2003—2010 年间真实工资下降了 2.6%，具有大学学历的劳动力则增加了 9.6%，两者增长速度相差 12.2%，

综上所述，外来人口对当地劳动力平均工资产生显著正效应。其次，与面板数据估计的结果相比，城市层面数据估计的结果会比较大，这可能是由于提升了效率以及专业化水平，并进一步改进了技术水平，进而提高了当地的平均效率（Borjas，2007）。有关外来劳动力在生产率方面的影响是下一步研究计划。

5.6　本章小结

国内外文献关于"迁移对本地劳动力市场工资的影响"并没有得出一致的结论，中国城市外来劳动力对城市劳动力市场的影响也需要进一步探讨。本书借鉴 Borjas(2003)，Borjas 和 Katz(2007)以及 Ottaviano 和 Peri(2006a)的方法分析了外来劳动力对工资的影响，主要得出以下四点结论：

第一，本地劳动力与外来劳动力的不同教育—经历组之间呈不完全替

代关系。在估计异质的外来劳动力对本地劳动力的工资产生的影响之前，引入包含不同技能的劳动力、资本的生产函数，并得出不同劳动组之间的替代弹性。其中，外来劳动力与本地劳动力之间的替代弹性根据分组依据不同介于 13.89 至 83.33 之间，均值为 37.76。不同工作经历组之间的平均替代弹性介于 1.28 至 1.9 之间，均值为 1.58。

第二，劳动力学历差距越大，相互之间可替代性越低。在经典的劳动经济学中，假设低技能劳动力之间的替代弹性无限大，即低技能劳动力之间是完全替代关系。本书论证了该假设并不成立，低技能劳动力之间存在不完全替代关系，并得到数据支持。估计结果显示，受教育程度低的外来劳动力与本地劳动力之间的弹性系数为 26.93，同时，拥有大学教育经历的劳动力与高中及以下劳动力的替代弹性会更小一些（约为 2.28），大学专科与大学本科劳动力之间的替代弹性约为 7.76。如果各劳动组的流入数量相对平衡，则意味着外来劳动力的流入对相对工资的影响非常小，低学历流入人群的工资受到负向影响较小。

第三，外来劳动力对低学历劳动力工资影响较小，对高学历劳动力影响较大。从劳动力流入对城市工资率的短期影响看，外来劳动力对本地劳动力工资的负向影响极为有限，约为 –0.5%；外来劳动力中受教育程度较高劳动组的工资率则会随着同质劳动力增加出现较大程度的下降，降幅约为 3.8%，其中受影响最大的教育组为大学本科组（–7%）。

第四，劳动力流入对城市工资率的影响会经历一个先降后升的过程。这种趋势对城市本地劳动力工资率影响尤其明显，外来劳动力比重每上升 10%，对各教育组本地劳动力平均工资的影响将由 –0.5% 上升到 0.42%。对外来劳动力工资影响看，从长期来看，对外来劳动力工资的影响从 –6.7% 降至 –6%。其中，对外来本科组以及高中组工资的影响分别为 –7.01% 及 –4.41%。

综上所述，本书总结了外来劳动力的流入对城市工资影响的文献，其中包含了对不同教育劳动力之间可替代性的衡量，总结了城市层面的外来劳动力对工资的影响。在这方面，所用的模型以及模拟结果可以为当前以及未来关于流动人口的工资效应方面提供更多的依据。本书研究结论的政策含义在于，劳动力流动可以促进城市本地居民收入增长，从而深化市场经济体制改革，弱化乃至消除劳动力市场的分割是实现这一目标的必要条件。

第6章 外来劳动力对城市生产率的影响

本章使用 CHIP 调查数据以及中国流动人口动态监测数据，分析了外来人口对城市就业、平均工作时间、物质资本积累，全要素生产率（TFP）以及技能偏向（Skill-bias）的影响。将城市相对于主要进出港口所在城市的距离，以及 2002 年以前城市已有外来人口作为工具变量，并未发现外来劳动力对本土劳动力的工作时间及就业率会产生挤出（Crowded-out）效应。同时发现，劳动力迁入对技术进步有正向影响，它们降低了资本密集度和生产技术中的技能偏向度，并通过控制地理位置、R&D 投入、计算机使用率、地区间竞争、部门构成等变量检验估计结果的稳健性。本章的结论显示，迁移提高了分工的专业化程度，因此提高了全要素生产率，且促进了非技能偏向性技术的应用。具体来说，由外来劳动力引致的就业率每上升 1%，将会增加 0.5% 的平均收入。

6.1 引言与文献综述

Kaldor（1961）将经济达到均衡时，资本的边际产出趋于不变以及劳动收入份额达到稳态的现象，定义为经济增长的"特征事实"。但最近的相关研究表明，经济增长的"特征事实"并不存在，美国、欧洲、日本以及部分发展中国家的资本收入份额一直呈上升趋势。同时，国内学者观察到劳动收入在我国国民收入中的比重从 1995 年以来一直在下降，技能偏向型技术进步导致对非技能劳动力需求的下降，从而进一步降低了劳动收入份额。此外，Acemoglu（2002）指出，技术进步的技能偏向性使不同类型劳动力报酬增长出现两极分化。技能偏向型技术使高技能劳动力的边际产出高于低技能劳动力。企业对高技能劳动力的需求提高，工资差距拉大，产生技能溢价。本章的研究目的在于解答以下几个问题：技能偏向在我国是否存在？迁入城市的大量外来劳动力对技术进步以及技能偏向存在什么样的影响？进而对城市劳动力市场产生什么样的影响？

迁移劳动力规模庞大且分布不均，有不少研究分析了这种差异对特定地区劳动力市场（Borjas，2006；Card，2001，2007，2009；Peri，& Sparber，2009；）、产业专业化（Card，& Lewis，2007）、创新能力（Gauthier-Loiselle，& Hunt，2008）等不同方面的影响。本书通过构建生产函数，分析外来劳动力对投入产出的影响（就业、平均工作时间、平均技能密集度、物质资本）和对生产率的影响（TFP、技能偏向性），来分析对劳动力平均收入的影响。虽然有大量文献使用劳动力市场数据，论述了迁移对就业和劳动时间及工资的影响，但是本书的贡献在于，使用国民收入数据以及人口普查资料，确定迁移对资本密集度、TFP、技能偏向型技术进步的影响。为消除内生性和遗漏变量等问题带来的误差，采用两步法构建迁移与经济产出之间的因果关系。第一，我们识别与移民相关的，而与生产率等其他解释变量无关的工具变量，如距离变量，即各调查城市到聚集了大量外来人口的城市，如北京、上海及广州的空间距离，以及各城市 2002 年前外来人口占总人口比重。第二，引入与生产率可能相关的其他变量，观察外来劳动力所占比重对生产率的影响。由于内生性问题的存在，并使用了同样的地理工具，我们隔离了与那些因素无关，但与移民有关的那些地理特征，并使用它们作为移民流的预测指标。控制变量有研发投入和创新、计算机的使用、使用对外贸易度量的地区开放程度、城市内部门构成。通过引入 R&D 投入及专利数量、电脑使用率、国际贸易开放程度等变量，发现外来劳动力对 TFP 存在显著正向的影响，对技能偏向型技术进步有负向影响。

与 Lewis（2005）和 Beaudry（2008）研究结果相似，本书发现由外来劳动力引致的本地劳动力分工专业化解释了一半到三分之二的技术进步。在不变的资本—劳动比假设条件下，生产率的提高可能是由于异质劳动力在不同部门间更为有效的配置。由于大部分外来劳动力被分配到了生产型工作岗位，同时将本地劳动力汇集到了非生产型的工作岗位，增加了这些部门的竞争力。因此，效率可能并非来自高科技部门的技术进步，而是来自传统部门中的专业化、竞争，以及选择合适的技术。

本章其余部分安排如下：第二部分通过使用生产函数解释了移民对产出和生产率的影响。第三部分描述了相关变量的构成，并且给出了 2002—2012 年他们的变动状况。第四部分用 OLS 以及 2SLS 估计方法分析了劳动力迁移对产出、TFP、技能偏向型生产率的影响，并给出了关于外来劳动力对生产率影响相关的稳健性检验。第五部分是本章的结论。

6.2　理论框架

首先，本书引入生产函数，以分解迁移对总产出和平均收入的影响，并分析外来人口影响劳动生产率的途径。将地区 s 在 t 年的同质产出使用如下的柯布—道格拉斯生产函数表示：

$$Y_{st}=K_{st}^{\alpha}\left[X_{st}A_{st}\phi\left(h_{st}\right)\right]^{(1-\alpha)} \tag{6-1}$$

其中，Y_{st} 表示总产出，K_{st}^{α} 表示投入的实物资本，X_s 表示总劳动时间，$A_{st}^{(1-\alpha)}$ 为全要素生产率，$\phi\left(h_{st}\right)$ 表示技能密集度指数，表示如下：

$$\phi\left(h_{st}\right)=\left[\left(\beta_{st}h_{st}\right)^{\frac{\sigma-1}{\sigma}}+\left(\left(1-\beta\right)\left(1-h_{st}\right)^{\frac{\sigma-1}{\sigma}}\right)\right]^{\frac{\sigma}{\sigma-1}} \tag{6-2}$$

$h_{st}=H_{st}/X_{st}$ 为高技能、高学历劳动力的工作时间数占总工作时间的比重，$1-h_{st}=L_{st}/X_{st}$ 是低技能、低学历工人的工作时数占总工作时间的比重，系数衡量的是技能偏向型技术进步在 s 地区、t 年的偏向程度。β 接近 1 意味着高技能高学历的工人比低学历低技能工人生产率更高、产出更多，β 的上升意味着企业将更倾向于使用高技能劳动力，技能溢价更大。注意到在式（6-1）中，如果我们将 X_{st} 和 A_{st} 纳入到 $f(h_{st})$ 中，并且定义 $A^H_{st}=\beta_{st}A_{st}$ 以及 $A^L_{st}=(1-\beta_{st})A_{st}$，可以得到一个常用于分析劳动力市场（Katz, & Murphy, 1992; Peri, & Sparber, 2009）、收入分配（Krusell et al., 2000）和技术进步（Acemoglu, 1998; Caselli, & Coleman, 2007）的生产函数，$Y_{st}=k^a_{st}[(A^a_{st}N_{st})^{\frac{\sigma-1}{\sigma}}+(A^L_{st}N_{st})^{\frac{\sigma-1}{\sigma}}]^{\frac{\sigma}{\sigma-1}}(1-d)$。在这样的生产函数中，技能高和低的工人的劳动投入是通过常系数替代弹性来反映，替代弹性 $\sigma>0$，A^H_{st} 和 A^L_{st} 分别衡量高技能和低技能工人的生产率。为分解劳均产出增长率，将式（6-1）改写为

$$y_{st}=\left(\frac{K_{st}}{Y_{st}}\right)^{\frac{\alpha}{\alpha-1}}[x_{st}A_{st}\phi(h_{st})] \qquad (6-3)$$

式中，$y_{st}=Y_{st}/N_{st}$，N_{st} 为地区 s 在时间 t 的总就业人数，$x_{st}=X_{st}/N_{st}$ 衡量了人均工作时间，K_{st}/Y_{st} 表示资本—产出比，由于物质资本积累等式的线性特性，其在任一新古典模型的均衡增长路径下为常数（Barro, & Martin, 2004）。式（6-3）两边对时间 t 取对数（增长率），用 $\hat{\alpha}$ 来表示变化率（对于任何变量 α 的变化率都可以表示为 $d\ln\alpha/dt=\hat{\alpha}$）。总产出、人均产出的变化率可以表示为下式：

$$\hat{Y}_{st}=\hat{N}_{st}+\hat{y}_{st}=\hat{N}_{st}+\left(\frac{\alpha}{1-\alpha}\right)\frac{\hat{K}_{st}}{Y_{st}}+\hat{A}_{st}+\hat{x}_{st}+\hat{\phi}_{st} \qquad (6-4)$$

式（6-4）是对外来劳动力影响进行分解的实证基础。式（6-4）表明，总产出的增长可以分解为就业的增长率（$\hat{L}_{st}$）、劳均产出的增加率（$\hat{y}_{st}$）。人均产出的增长率可分解为以下四方面因素：① 经济中的资本密集度，由资本—产出比 $\frac{\hat{K}_{st}}{Y_{st}}$ 衡量；② TFP 全要素生产率 $\hat{A}_{st}$；③ 劳均工作时间 $\hat{x}_{st}$；④ 由 $\hat{\phi}_{st}$ 衡量的生产率权重的技能密集度指数。这种分解方法为后文提供了分析基础：

第一，在长期（均衡增长路径），其他要素如资本—产出比（K_{st}/Y_{st}）、劳均工作时间（x_{st}）以及技能密集度（ϕ_{st}）不变的前提下，新古典增长模型预测劳均产出（y_{st}）仅仅在全要素生产率增长（$\hat{A}>0$）的时候才

会增长。因此人口简单的迁入被视为只是提高了劳动力数量 N_{st}，长期来看对其他变量没有影响，自然对产出 Y_{st} 也没有影响。但是，迁入人口并不是同质的，因此并不能简单视为人口数量的增加。从积极的角度看，外来人口技能的差异，增加了劳动力市场的竞争程度，本地劳动力分工更加专业化，直接的技术变动可以促进生产率和资本密集度的增加。从消极的角度看，涌入的不变要素和不完整的实物资本调整可能会降低生产率和资本密集度。此外，如果均衡增长路径的动态转变非常缓慢，资本可能需要花费很长时间来调整，而且资本—产出比 K_{st}/Y_{st} 可能会在很长一段时间内低于稳态水平。通过以上分解，可以分析迁移人口对式（6-4）式右边的 5 项的影响。同时，通过分析对就业增长率 $\hat{N}_{st}$ 和平均工作时间 $\hat{x}_{st}$ 的影响，可以论证以下论点，即外来劳动力的流入并没有挤出本地居民的就业，反而增加了就业总量，平均工作时间没有变化。[①]

通过分析对 $\hat{\phi}_{st}$ 的影响，同样可以证明外来人口是否提高了低技能劳动力的比重，以及对生产率的影响。最后，论证了外来人口是否影响了资本密集度 $\dfrac{\hat{K}_{st}}{Y_{st}}$ 或全要素生产率 $\hat{A}_{st}$。综合考虑以上影响，将能够理解外来人口是否仅仅导致了劳动力增长，特别是低技能劳动力的增长；或者，外来人口是否对经济结构有着长期影响。此外，由于可以识别人口的迁入对 A_{st} 和 β_{st} 的影响，得以进一步分析外来劳动力将会技术产生什么样的影响，是技术进步（又能分为技能偏向型技术进步以及非技能偏向型技术进步），抑或技术退步？

通过实证估计了移民对式（6-4）右边的每一项的影响。首先，使用地方的总产出、资本存量、工作时长、就业、高技能和低技能工人的相对工资，可以获取式（6-4）右边的每一项的数据。其次，如果能够识别各地区"外生的"人口流入（与技术、就业或物质资本无关的因素导致的人口流入），我们可以根据下面这个回归式估计出弹性系数 η_b：

---

① Card（2001，2007，2009）论证了在美国，没有证据表明外来移民会对本土劳动力产生挤出效应。

$$\hat{b}_{st} = \alpha_t + \eta_b + \frac{\Delta \hat{N}_{st}^F}{N_{st}} + \varepsilon_{st} \qquad (6\text{--}5)$$

式中，b_{st} 为总就业人数 L_{st}，资本产出比 $\frac{\hat{K}_{st}}{Y_{st}}$，全要素生产率 A_{st}，平均工作时间 x_{st}，技术密集指数 ϕ_{st} 的替代变量。解释变量 $\frac{\Delta \hat{N}_{st}^F}{N_{st}}$ 是由于人口迁入引致的就业量变化率，α_t 和 ε_{st} 分别是时间固定效应和随机变量。

通过以上分析框架，可以得到外来人口的迁入对地区总产出以及人均收入的影响。然而，由于收入以及生产率都会对外来人口产生正向的影响，在衡量外来人口对产出及人均收入影响时，将不可避免的面临内生性问题。因此，引入有效的工具变量成为实证过程中的关键。

6.3　数据说明及变量构造

6.3.1　主要变量测算

本部分使用主要数据来源：① 微观调查数据，包括中国家庭收入调查数据（CHIP2002 年、2007 年、2008 年）及 2013 年中国流动人口动态监测数据。获取平均工作时间，高、低技能劳动力的差异，本地和外来劳动力收入等数据。② 城市数据，包括中国城市统计年鉴，中国城市建设统计年鉴。获取地区总产出，资本存量，就业人数等数据。

第一，受教育水平和劳动力时间：将受教育年限为 9 年及以下的劳动力定义为低学历劳动力，对应学历为高中及以下学历；将受教育年限大于 9 年的劳动力定义为高学历劳动力，对应为大学及以上学历的劳动力。平均劳动时间由每周工作时间乘以一年中的周数计算，并通过不同受教育水平计算出不同劳动组的平均劳动时间。这种按城市及教育程度划分的平均工作时间的计算是核算劳动供给的基础。H_{st}^D 和 H_{st}^F 分别代表本地和外来高学历劳动力平均工作时间，因此，$H_{st} = H_{st}^D + H_{st}^F$ 就是 s 市 t 年高学历劳动力工作的总时间。类似的，L_{st}^D 和 L_{st}^F 是 s 地区在 t 年本地和外来低学历劳动力的工作时间，为地区年的低学历劳动力的工作总时长。最终，与下面的模型一致，$X_{st}=X_{st}^D+X_{st}^F$ 就是 s 在地区 s 年所有劳动力所提供的工作时长（$X_{st}=H_{st}+L_{st}$）；$N_{st}=N_{st}^D+N_{st}^F$ 代表 s 地区七年的总就业人数；$x_{st}=X_{st}+N_{st}$ 衡量的是 s 地区 t 年人均工作时长；$h_{st}=H_{st}+X_{st}$ 变量衡量的是 s 地区 t 年高学历劳动力的工作时间占比。

第二，地区总产出及资本存量：使用城市统计年鉴中各城市历年总产出，用 2002 年价格指数对产出进行平减，并计算出 2002 年至 2012 年实际产出增长率。劳均产出 y_{st} 由历年实际产出 Y_{st} 除以总从业人员人数 N_{st} 得出。各城市资本存量由永续盘存法计算得出，同样用 2002 年的价格指数进行平减，可得人均资本为 $k_{st}=K_{st}/N_{st}$。

第三，参数 A_{st} 和 β_{st}：技术进步和技能偏向度 β_{st} 不能被直接观察到。可以使用生产函数式（6-1）和条件——高、低学历工人的平均小时工资 W_{st}^D 和 w_{st}^L（分别为 H_{st} 和 L_{st} 的边际产出），得到两个未知参数。高学历劳动力小时工资与低学历劳动力小时工资比等于他们的边际产出比，可以得到下式：

$$\frac{w_{st}^H}{w_{st}^L} = \left(\frac{\beta_{st}}{1-\beta_{st}}\right)^{\frac{\sigma-1}{\sigma}} \left(\frac{h_{st}}{1-h_{st}}\right)^{-\frac{1}{\sigma}} \tag{6-6}$$

由式（6-6）可得参数 β_{st} 的表达式，即

$$\beta_{st}=\frac{\left(w_{st}^H\right)^{\frac{\sigma}{\sigma-1}} h_{st}^{\frac{1}{\sigma-1}}}{\left(w_{st}^H\right)^{\frac{\sigma}{\sigma-1}} h_{st}^{\frac{1}{\sigma-1}} + \left(w_{st}^L\right)^{\frac{\sigma}{\sigma-1}} \left(1-h_{st}\right)^{\frac{1}{\sigma-1}}} \tag{6-7}$$

将式（6-7）代入式（6-1）可解出 A_{st}，即

$$A_{st}=\left(\frac{Y_{st}^{\frac{1}{1-\alpha}} K_{st}^{\frac{\alpha}{1-\alpha}}}{X_{st}}\right) \frac{\left(w_{st}^H\right)^{\frac{\sigma}{\sigma-1}} h_{st}^{\frac{1}{\sigma-1}} + \left(w_{st}^L\right)^{\frac{\sigma}{\sigma-1}} \left(1-h_{st}\right)^{\frac{1}{\sigma-1}}}{\left[w_{st}^H h_{st}+w_{st}^L\left(1-h_{st}\right)\right]^{\frac{\sigma}{\sigma-1}}} \tag{6-8}$$

除了上文所提到的变量，计算 β_{st} 和 A_{st} 还需要高、低学历劳动力的平

均小时工资 w_{st}^H 及 w_{st}^L，从 CHIP 以及动态监测数据可以获取。

第四，替代弹性 σ：为得到参数 β_{st} 和 A_{st}，需要高低学历劳动力之间的替代弹性系数 σ 的值。由于上一章对这一数值进行了估计，介于 1.5～2，本处取 σ 等于 1.75，并且检验了相关的结果在值 1.5 和 2 的稳健性。

6.3.2　主要变量说明及统计描述

（1）主要变量说明

① 城市外来劳动力规模：经典城市经济学通常采用外来人口规模来衡量城市的集聚程度，外来人口越多，城市人口规模越大，则表明其聚集程度越强，对周边地区的辐射作用也越强。2012 年我国城市外来人口为 26139 万人，比 2000 年增加 11700 万人，增长 81.03%。

② 劳动力数量：城市劳动力数量用单位从业人员数量衡量，1995—2010 年，我国城市劳动力总量有大幅增长。考虑到 1998 年调整的统计口径，如果以 1998 年为基期，那么包含直辖市、副省级市、省会城市以及其他地级市的劳动力数量分别增加了 49%、81%、80%、50% 和 42%。特别是 2000 年以后，城市劳动人口数量有了大幅提升，特大城市及大城市尤其如此。

③ 产出—劳动比：城市产出—劳动比为城市实际地区生产总值除以城市劳动人口数量。由于城市价格指数的缺失，城市实际地区生产总值由所在省份的价格指数折算为 2002 年的价格。

④ 资本存量与劳均资本存量：劳均资本以历年各城市经过折算后的资本存量除以总劳动力数量衡量。本书借鉴单豪杰（2008）估计资本存量的方法，采用永续盘存法，设定折旧率为 10.96%，以支出法衡量的国内生产总值中的固定资本形成，来衡量各年份的投资增量。数据主要来源于《中国城市统计年鉴》及《中国城市建设年鉴》，并将资本存量数据折算为以 2002 年为基期的实际固定资本存量数据。最后，将城市实际资本存量除以城市总劳动力数量得到劳均资本存量数据。

图 6-1～图 6-3 说明了 2002—2012 年各城市的外来人口与总劳动力数量、劳均 GDP 与劳均资本存量、高学历劳动时间占总时间比重以及技能

偏向度的变化趋势。除了确定这些变量的平均趋势，还说明了各城市劳均产出和 TFP 的逐渐的趋同趋势（位于顶部和底部的数值垂直差异随时间推移逐渐缩小）表明了持续的产出趋同。

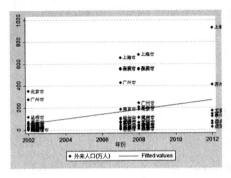
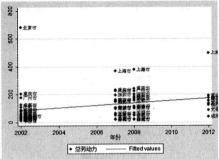

图 6-1　2002—2012 年城市外来人口与总劳动力

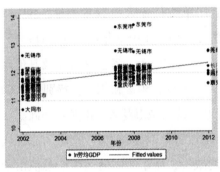
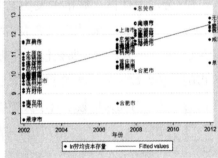

图 6-2　2002—2012 年 ln 劳均 GDP 与 ln 劳均资本存量

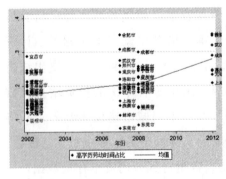
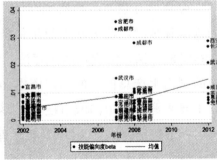

图 6-3　2002—2012 年高学历劳动力时间占比与技能偏向度 β

图 6-2 为以 2002 年为基期的城市劳均资本存量的变化趋势，可以看到，

2002—2012 年我国城市劳均资本存量有了大幅度上升，且城市与城市之间的垂直分布不断收缩，说明我国城市劳均产出有趋同走向。

图 6-3 说明 2002—2012 年我国高学历劳动时间占总劳动时间比重不断上升，近 5 年尤其明显，增长率为 36.15%。

图 6-4 为 2002 年至 2012 年调查城市中，不同学历的外来劳动力与本地劳动力平均月工资。

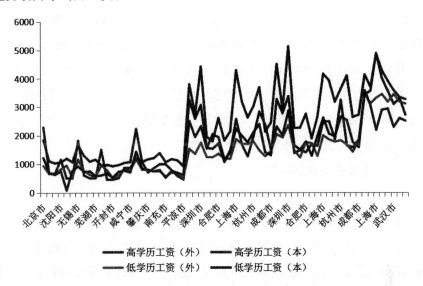

图 6-4　2002—2012 年外来（本地）劳动力分学历平均月工资

首先，在 2002 年，本地劳动力平均工资普遍高于外来劳动力。第一，高学历本地劳动力的工资明显高于外来劳动力以及本地低学历劳动力，平均水平为 1187 元，分别比高学历外来劳动力、低学历外来劳动力、低学历本地劳动力高 38.7%、58.5% 及 63.1%；第二，在部分城市，高学历外来劳动力的平均工资高于本地劳动力，如无锡市、沈阳市以及洛阳市；第三，不同学历的外来劳动力收入水平也有较大差距，高学历外来劳动力比低学历外来劳动力平均工资高 14.2%。分受教育程度来看，高学历劳动力的平均工资比低学历劳动力高出 38.3%。

然后，2007—2008 年，外来—本地劳动力工资差距进一步拉大。由于受经济结构调整以及全球性金融危机的影响，外来劳动力就业环境持续恶化，与本地劳动力的收入差距拉大，本地劳动力平均工资全面高于外来劳动力。其中，高学历外来劳动力比高学历本地劳动力平均工资低55%，低学历外来劳动力比本地劳动力平均工资低89.5%；同时低学历本地劳动力比高学历外来劳动力平均工资高5.6%，高出低学历外来劳动力29.1%；高学历与低学历劳动力之间的工资差异有所下降，为36.1%。

最后，2012年，外来劳动力平均工资反超本地劳动力。伴随着经济的回暖以及多项提高农民工收入的政策出台，外来劳动力就业环境得以改善，2012年收入相对于2008年接近翻番，增长率约为97.58%。2012年，高学历外来劳动力平均工资略高于高学历本地劳动力（2.8%），同时比低学历本地劳动力平均工资高37.12%。高学历与低学历劳动力的工资差距进一步缩小，为23.5%，比2002年缩小近14.8%。

（2）主要变量统计描述

表6-1给出了本部分所用到主要变量的统计描述。报告了2002年至2012年被调查城市劳动力总数、外来劳动力数量、城市总产出、各城市资本存量以及劳均工作时间、技能密集度指数等相关变量的统计描述。N为城市劳动力总数，用单位从业人员数量表示；N_F为外来劳动力数量；Y为城市总产出，用地方生产总值表示；y为劳均产出；K为资本存量；A为技术进步；x为劳均工作时间；ϕ为技能密集度指数；h为高技能劳动力的劳动时间占总劳动时间比例；β为技能偏向度；w^H为高学历劳动力工资占比。

表6-1　主要变量统计描述

变量	均值	标准差	Min	Max	样本数
N	120.7321	118.971	11.54	679.2	63
N_F	140.5562	206.087	0.08	928.1	63
Y	1.91E+07	1.77E+07	727800	8.57E+07	63
y	176894.2	146733.7	43398.25	917467.1	63
K	1.55E+07	2.51E+07	24727	1.44E+08	63
A	1.000317	0.030288	0.927	1.072	63
x	50.26845	3.534946	43.34947	60.37088	63

续表 6-1

变量	均值	标准差	Min	Max	样本数
ϕ	0.629259	0.082482	0.461709	0.822684	63
h	0.201415	0.064582	0.073993	0.349663	63
β	0.007356	0.007969	8.85E-05	0.035758	63
w^H	0.289286	0.079677	0.095157	0.476382	63

6.4　劳动力迁移影响的估计

6.4.1　OLS 估计

表 6-2 的解释变量为外来劳动力占城市总劳动力比重，第 1 列为被解释变量。第二行和第三行估计了外来劳动力对总就业（$\hat{N}_{st}$）和劳均产出（$\hat{y}_{st}$）的影响。接下来的 4 行分解了外来劳动力对人均产出 $\hat{y}_{st}$ 的组成部分——资本密集度（$\frac{\alpha}{1-\alpha}$）（$\hat{K}/\hat{Y}$）、全要素生产率 $\hat{A}$、平均工作时长 $\hat{x}$、技术密集度指数 $\hat{\phi}$ 的影响。最末两行表示的是外来劳动力对高技能劳动力占比 $\hat{h}$、技能偏向度的 $\hat{\beta}$ 影响。由于受内生性和遗漏变量的影响，OLS 估计可能有偏。

表 6-2　外来劳动力对技术进步及技能偏向度的 OLS 估计结果

被解释变量	（1）OLS 估计	（2）东部城市	（3）中西部城市	（4）2002 年	（5）>2002 年
$\hat{N}$	1.07*	0.09	0.36	2.77**	0.09
	（0.57）	（0.95）	（1.03）	（1.18）	（0.62）
$\hat{y}$	1.53***	1.24**	0.56	0.77	1.36***
	（0.28）	（0.52）	（0.41）	（0.59）	（0.28）
$\left(\frac{\alpha}{1-\alpha}\right)\left(\hat{K}/\hat{Y}\right)$	−0.71**	−0.63**	−1.52**	−2.11	−0.34
	（0.14）	（0.15）	（0.14）	（1.45）	（1.21）
$\hat{A}$	0.08***	0.052**	0.057*	0.08*	0.07***
	（0.16）	（0.03）	（0.03）	（0.38）	（0.02）
$\hat{x}$	0.17***	0.17***	0.35***	0.25***	0.18***
	（0.04）	（0.06）	（0.07）	（0.07）	（0.04）
$\hat{\phi}$	−0.31***	−0.29***	−0.41**	−0.31**	−0.43***
	（0.07）	（0.08）	（0.17）	（0.14）	（0.07）

续表 6-2

被解释变量	（1） OLS 估计	（2） 东部城市	（3） 中西部城市	（4） 2002 年	（5） >2002 年
$\hat{h}$	−0.89***	−0.95***	−1.15***	−0.93**	−1.16***
	（0.18）	（0.23）	（0.39）	（0.34）	（0.18）
$\hat{\beta}$	−3.78***	−3.88***	−5.03***	−3.85***	−4.57***
	（0.62）	（0.96）	（1.26）	（1.17）	（0.68）
Observations	63	25	38	25	38

注：每个单元格代表解释变量对第 1 列中被解释变量的估计系数，解释变量为各年流入的外来劳动力占城市总劳动力比重，每个回归都包含时间虚拟变量。*$p< 0.1$，**$p< 0.05$，***$p<0.01$，括号内为稳健标准差。替代弹性系数 σ =1.75。

从表 6-2 可以看出，外来劳动力与产出、技术进步、技能偏好存在显著的相关关系，并且能通过稳健性检验。由于存在地区差异，在稳健性检验过程中选取了东部城市以及中西部城市样本进行估计。结果如下：

（1）外来劳动力对总就业人数弹性系数介于 0.09 ~ 2.77，即外来劳动力占所在城市总就业人口比重每上升 1%，就业率将提高约 0.9%，意味着外来劳动力的进入对本地劳动力市场并没有挤出效应，且就业市场存在需求驱动型偏向。

（2）外来劳动力与劳均产出存在显著为正的相关性。这一正相关性来源于外来人口与全要素生产率 TFP 的正相关性，弹性系数约为 0.05，以及外来人口与资本密集度负相关性，弹性大约为 –1.06。同时，外来劳动力对工作时长的正影响（0.17 ~ 0.35）以及对技能密集度指数的负影响（–0.43 ~ –0.29）都会补偿其对人均产出的影响。

（3）劳动力市场中的外来劳动力比重与高学历劳动力占比、技能偏向度之间存在显著负相关关系，弹性系数分别为 –1.02 和 –4.22。

劳动力市场中外来劳动力占比高于平均水平的城市有着几乎同步的就业增长，有着更高的人均收入的增长率以及全要素生产率，同时生产的资本密集度和技能密集程度却以较低的增长率增长。为进一步观测这些影响，需要引入工具变量来解决 OLS 估计的内生性、遗漏变量带来的偏误。

6.4.2　工具变量和 2SLS 估计

本书引入的工具变量为前期迁入人口在劳动年龄人口所占比重，以及各城市与北京、上海、广州的最小地理距离。外来劳动力占所在地劳动年龄人口比重估算如下：按迁移人口户籍所在地，将户籍地 n 及所在城市 i 在 t 年的总劳动年龄人口定义为 Pop_{nit}，并计算每个城市劳动力年龄人口的增长率 $g_{n,t-2002} = (Pop_{n,t} - Pop_{n,2002})/Pop_{n,i,2002}$，由此可以得到城市 i 中分省外来劳动力增长率。通过估算，城市 i 中户籍地为 n 的外来劳动力增长率为

$$\hat{Pop}_{n,i,t} = Pop_{n,i,2002} \times (1 + g_{n,2002-t}) \tag{6-9}$$

各城市在年的总外来人口数量：$\hat{Pop}_{Fi,t} = \Sigma_n \hat{Pop}_{n,i,t}$。最后，构造了估算的每 10 年期的、由于移民造成的劳动年龄人口的增长：

$$(\hat{Pop}_{Fi,t+10} - Pop_{Fi,t}) / (\hat{Pop}_{Fi,t} + Pop_{i,t}) \tag{6-10}$$

$Pop_{i,t}$ 是在 i 城市在 t 年实际的本地劳动年龄人口。我们使用这作为城市每 10 年由于移民造成的就业增长的工具变量，$\dfrac{\Delta N_{st}^F}{N_{st}}$。

地理距离与迁移流量有着显著的相关关系。北京、上海及广州是外来劳动力人数最多的城市，也是重要的交通枢纽，每个省（市）与北京、上海、广州的空间距离计算如下：首先获得每个省的省会所在城市坐标，然后利用曲面距离公式计算各省会与北京、上海及广州的距离，并取其最小值。

表 6-3 的第 2 列为基准 2SLS 估计结果，第 3 列为东部城市估计结果，第 4 列为中西部城市样本估计结果，第 5 列为只选取地理距离工具变量的估计结果。

表 6-3　外来劳动力对劳动生产率以及总产出的 2SLS 估计结果

被解释变量	（1）2SLS 估计	（2）东部城市	（3）中西部城市	（4）2SLS（地理距离）
$\hat{N}$	1.13***	1.19*	1.23	1.2***
	（1.65）	（3.38）	（2.14）	（2.24）
$\hat{y}$	1.52***	0.17*	2.28*	0.35*
	（0.51）	（1.19）	（3.39）	（0.82）
$\left(\dfrac{\alpha}{1-\alpha}\right)(\hat{K}/\hat{Y})$	−1.77***	−1.59*	−2.52	−1.27
	（2.09）	（3.10）	（2.11）	（2.68）

续表6-3

被解释变量	（1）	（2）	（3）	（4）
	2SLS 估计	东部城市	中西部城市	2SLS（地理距离）
$\hat{A}$	0.15***	0.14**	0.27*	0.19***
	（0.03）	（0.06）	（0.29）	（0.06）
$\hat{x}$	0.04**	−0.02	−0.07	0.07**
	（0.07）	（0.14）	（0.59）	（0.01）
$\hat{\phi}$	−0.14*	−0.05	−0.99	−0.27*
	（0.14）	（0.22）	（1.73）	（0.19）
$\hat{h}$	−0.32*	−0.26	−1.98*	−0.57*
	（0.36）	（0.72）	（3.95）	（0.48）
$\hat{\beta}$	−1.27**	−1.31**	−1.79**	−1.48*
	（1.30）	（2.12）	（1.43）	（1.78）
Observations	63	25	38	63

注：*$p<0.1$，**$p<0.05$，***$p<0.01$，括号内为稳健标准差。

外来劳动力对总就业人数的影响接近6，OLS与2SLS估计差异证实了由于反向因果关系的存在，OLS可能会低估外来劳动力与总就业人数的相关系数。类似的，2SLS估计的外来劳动力对劳均收入增长的影响系数要低于OLS估计，介于0.17～1.52，且统计显著。分解这一系数，可以看到正弹性主要来自外来劳动力对TFP正向影响（约为0.18）以及对资本密集度负影响（约为−1.8）的综合。

从表6-3还能看出，外来劳动力对技能密集度指数的负影响没有被外来劳动力对工作时间正的影响完全平衡，所以综合来看，技能密集度指数与劳均工作时间会对劳均产出有负向影响。外来劳动力对高学历劳动力占比、技能偏向度的负向影响被2SLS估计所证实，而且在两个估计结果中，弹性约为−0.7和−1.4。

由OLS以及2SLS估计结果，可以看到两个事实：第一，外来劳动力增加了就业，降低了高学历高技能劳动力占比，并且外来人口对本地劳动力没有挤出效应。[①]第二，虽然外来劳动力降低了资本密集度，也增加了低技能劳动力数量，但是仍然提高了总体的要素生产率。

本书研究目的在于估计外来劳动力对TFP以及技能偏向度的影响。在

---

① 这些结论与 Card（2007），Card 和 Lewis（2007）结论一样。

此之前，先分析外来移民对资本密集度的影响。资本密集度通过资本—产出比衡量，其变化可能会由于资本存量并未随着劳动力流入、产出增加而作出调整出现下降，或者未随着就业人数作出充分调整，或者即使随就业人数作出充分调整，但未能与 TFP 增加速度同步而出现下降。本书在下一部分分解这种下降现象，探寻资本—产出比的降低到底是因为 TFP 的上升还是归因于不变的资本—劳动比。

6.4.3　进一步观察物质资本

表 6-4 分析了外来劳动力所占比重对资本存量增长率 $\hat{K}$、资本—劳动比 $\hat{K}-\hat{N}$ 以及资本—产出比（$\dfrac{\alpha}{1-\alpha}$）$\dfrac{\hat{K}_{st}}{Y_{st}}$ 的影响。列（1）～列（3）为使用不同样本的 OLS 估计，列（4）为 2SLS 估计结果。

表 6-4　外来劳动力对资本—产出比的分解

被解释变量	（1） OLS 估计	（2） 东部城市	（3） 中西部城市	（4） 2SLS 估计
$\hat{K}$	1.80***	1.59**	1.51**	1.41***
	（1.11）	（0.26）	（0.35）	（3.09）
$\hat{K}-\hat{N}$	−2.72***	−1.50	−1.14*	−1.32**
	（0.73）	（0.86）	（1.58）	（0.28）
（$\dfrac{\alpha}{1-\alpha}$）（$\hat{K}/\hat{Y}$）	−0.71**	−0.63**	−1.52**	−1.77**
	（0.14）	（0.15）	（0.14）	（2.09）

注：*$p<0.1$，**$p<0.05$，***$p<0.01$，括号内为稳健标准差。

资本密集度的降低并不是由于资本对劳动力的调整不完全引起的，而是因为与产出增长不成比例。与前文类似，使用的城市样本分别为全部样本、东部城市样本以及中西部城市样本，同时报告了稳健标准差。从估计结果尤其是 2SLS 的估计结果中可以看出，外来劳动力占总劳动力比重与资本增长率的弹性系数接近 1，意味着资本与外来劳动力是同比例变化的。因此迁入劳动力较多的城市，资本—劳动比并没有因此而显著下降。外来劳动力的涌入刺激投资出现对应的增长，使得资本—劳动比基本上没有变化。但是，由于生产率的提高，产出增长率比劳动力投入增长率要高，当使用资本—产出比衡量的时候，技术水平看起来降低了资本密集度。资本密集度的减少并非由于资本劳动比的不完全调整，而是由于产出增长的比例失衡。与其说资本密集度的下降是资本存量调整缓慢的结果，不如说与选择的技术或生产组织形式有关。相应的，技能密集度以及技能偏向度的下降也可能与这一现象相关。Krusell 等（2001）的模型中，技能偏向型技术明显与生产中设备或资本的密集度有关也许可以为两种现象提供一个共同的解释：外来移民刺激了对低技能劳动力和低资本密集度技术的使用。

6.4.4 对生产率和技能偏向的影响

从表 6-2 的估计结果中，可以看到外来劳动力对全要素生产率 $\hat{A}$ 存在显著正影响，对技能偏向度 $\hat{\beta}$ 的影响显著为负，且这两种影响都非常大，对 $\hat{A}$ 的弹性系数介于 0.052～0.07，对 $\hat{\beta}$ 的弹性系数约为 –4.22。2SLS 中所使用的地理距离工具变量，能直接影响外来劳动力迁入数量，对于技术进步也是外生的，但可能会影响生产率以及技能密集度水平。例如，一城市的地理位置可能与气候因素或者产业结构（农业或采矿）有关，而这些因素可能会影响其进入国际或国内市场，从而影响高技能劳动力的流向、技术的采用和扩散。出于这些因素考虑，将劳均 R&D 费用、互联网使用量、对外贸易等变量依次纳入回归以控制这些因素对生产率和各地区技术的影响。

对控制变量的系数的估计通常是不那么精确的，但是，本书关注的是使用工具变量后迁移率的系数。将控制变量考虑进来意味着我们使用的是以地理为基础，并与控制变量正交的工具变量来预测迁移率对生产率的影响。

表 6-5 展示了以式（6-5）为基础、使用 $\hat{A}$ 作为因变量对外来人口比重估计的系数。表 6-6 为将 $\hat{\beta}$ 作为因变量的类似的回归的系数。表 6-5 和表 6-6 的第二行为 OLS 估计方法，第三行到第五行为 2SLS 估计方法得到的估计值。此外，为检验在构造 $\hat{A}$ 和 $\hat{\beta}$ 的过程中选择系数（高技能劳动力和低技能劳动力的替代弹性）得到结果的稳健性，给出了使用可选参数值（分别等于 1.5

或者等于 2）得出的两种估计结果。

表 6–5 外来劳动力对全要素生产率（A）的影响

被解释变量：$\hat{A}$ 解释变量：外来劳动力占比	（1） 基准回归	（2） R&D	（3） 因特网用户	（4） 对外贸易
OLS	0.08*** （0.16）	0.057*** （0.02）	0.056*** （0.02）	0.063*** （0.01）
2SLS	0.15*** （0.03）	0.23** （0.12）	0.21* （0.11）	0.19** （0.08）
2SLS（σ=1.5）	0.46** （0.38）	0.43** （0.35）	0.21** （0.29）	0.67** （0.33）
2SLS（σ=2）	0.04** （0.29）	0.01** （0.21）	0.53** （0.22）	0.41** （0.26）
解释变量	被解释变量 A			
外来劳动力引起的 就业变化	0.54** （0.22）	0.48** （0.14）	0.39** （0.28）	0.87** （0.42）
本地劳动力非生产–生产型 分工变化	1.32** （1.73）	1.46** （0.18）	2.27** （0.26）	1.59** （0.21）
Observations	63	63	63	63

注：*$p<0.1$，**$p<0.05$，***$p<0.01$，括号内为稳健标准差。

表 6–6 外来劳动力对技能偏向的影响

被解释变量：$\hat{\beta}$ 解释变量：外来劳动力占比	（1） 基准回归	（2） R&D	（3） 因特网用户	（4） 对外贸易
OLS	−3.78*** （0.62）	−5.24*** （0.52）	−5.08*** （0.55）	−4.62*** （0.56）
2SLS	−0.19** （0.08）	−0.23* （0.12）	−0.21* （0.11）	−1.04** （0.10）
$\hat{\beta}$（σ=1.5）	−0.16** （0.18）	−0.19** （0.21）	−0.12** （0.22）	−0.15** （0.19）
$\hat{\beta}$（σ=2）	−0.16** （0.12）	−0.16** （0.19）	−0.18** （0.19）	−0.18** （0.05）
解释变量	被解释变量 β			
就业变化	−0.76** （0.42）	−0.62** （0.44）	−0.67** （0.38）	−0.98** （0.48）
本地劳动力非生产–生产型 分工变化	−0.34** （0.32）	−0.46** （0.41）	−0.39** （0.23）	−0.31** （0.38）
Observations	63	63	63	63

注：*$p<0.1$，**$p<0.05$，***$p<0.01$，括号内为稳健标准差。

首先给出基本估计，列（2）控制了各城市的人均平均实际年研发支出。数据来源于历年的城市统计年鉴。研发变量对 TFP 影响的估计约为 0.10（标准误等于 0.09），同时对的影响是 0.04（标准误是 0.10）。因此研发变量对生产率和技术差异都有正影响，和预计的一样。将研发作为控制变量纳入回归，对外来劳动力比重的估计系数影响并不是很大，变化范围在 –0.04 ～ 0.07。

表 6-5 和表 6-6 的列（3）将互联网的使用量作为一个控制变量。互联网技术的使用是导致生产率增长的一个重要技术改进，尤其对于高技能劳动力更是如此，而且由于互联网技术在不同部门和地区之间的扩散范围不同，因此有必要对其进行控制。引入了各城市户均互联网数量，将其纳入回归。互联网使用变量对的估计系数是 1.18（标准误为 0.90），对的估计系数是 0.71（标准误是 0.16）。与预计的相同，互联网的使用对各城市的生产率有一个积极影响，同时也会加大技能偏向度，即刺激企业更倾向于使用高技能劳动力。但是，外来人口比重对的影响仍然很大，并且显著（弹性为 0.72），对技能差异的影响基本没变。互联网的使用可能涉及生产的重组，类似于本地劳动力和外来劳动力行业隔离（见下一部分），外来人口对生产率的促进作用在控制互联网变量后仍然是稳健的。

表 6-5 和表 6-6 的列（4）控制了对外贸易变量。一个地区的地理位置对于其要素流动与对外贸易是非常重要的决定因素。与主要港口、海岸线、通航河流的距离，与其他地区或国家的距离都会影响贸易成本，从而影响贸易流量。此外， 2002—2012 年 10 年间，在内需政策以及财政投资的引导下，中国各地区之间的贸易量随着生产要素的流动频率而大幅度上升。由于贸易能通过促进竞争、促进分工专业化、降低投入成本提高生产率，所以将对外贸易作为地区生产总值的比例以解释这一影响。分城市的贸易商品销售总额数据来源于城市统计年鉴，之后计算各年平均出口除地方总产出的值。对外贸易对生产率的系数为 –0.36，并且显著（标准误差为 0.13），同时对技能偏向度的影响不显著的。值得注意的是，将对外贸易作为唯一的解释变量对全要素生产率 TFP 回归时，其影响为正（0.7），标准误差为 0.32，不显著。当将其作为控制变量时，其影响就变成负的了，同时迁移率对生产率的影响仍然显著为正，且在基准回归的估计系数上得到加强，对技能偏向的影响没有改变。这些结

果表明一个地区的开放度似乎对生产率有正的影响，但其影响是通过人口迁移而非贸易产生的。这是一个有趣的发现，因为一直以来针对贸易对经济增长影响的研究（Frankel，& Romer，2003）并没有将迁移流量等因素加以控制。

6.4.5　分工假设的有效性

在之前的研究中，主要有两种机制用来解释劳动力迁移对技能偏向和生产率的正向影响。Lewis 和 Card（2007）发现在外来劳动力增长很快，且整体教育背景较差的生产部门中，低技能劳动力的集聚度较高。此外，Lewis（2005）的研究表明在这些劳动力市场中，对技能密集的技术推广和使用更为缓慢。联系这些研究结论和"直接技术进步"理论或"适当技术使用"（Acemoglu，2002），可以得出结论——非熟练工人推动厂商采取更有效、使用更多非熟练工人的技术。Peri 和 Sparber（2009）研究美国移民对生产率的影响时，论述了在移民流入较多的州，教育水平较低的居民倾向于从事非生产强化型的生产工作，[①] 而移民则更多从事体力劳动。这就产生了依托比较优势形成的社会分工专业化，进而引发了效率的提高，对教育水平较低的工人而言尤其如此。在表 6-4 的最后 2 行中分析了由于本地居民和外来人口的有效分工造成的生产重组是否能解释一部分正的效率增长。

将衡量低技能本地劳动力在非生产型与生产型专业化分工的变量纳入回归方程。首先依据所从事职业将低技能本地劳动力分为体力生产型劳动者（M_t）和非生产劳动者（C_t），然后计算了城市 s 在 t 年中两种劳动类型的相对密集度 C_{st}/M_{st}，并计算出 C_{st}/M_{st} 的变化率。如果外来劳动力是通过影响本地劳动力在非生产型与生产型工作之间的重新配置，进而影响某城市的整体生产效率，那么这种影响应该考虑到模型中来。因此，控制劳

---

　　① 非生产型工作，为比较注重交流、社交才能的工作，如科教文卫、艺术等工作。本书在国家行业分类标准的基础上，将所有行业划分为非生产型工作以及生产型工作。其中非生产型工作包括社会服务、金融保险房地产、卫生、体育和社会福利、教育文化及广播电影电视、科研和技术服务、党政机关和社会团体；其余为生产密集型。

动力重新分配变量后，外来劳动力对生产率的影响应该会降低。

由表6-5的最后两行可以看到这种变化：第一，分工变化对生产率有正面的影响。第二，移民变量的系数虽然为正，但是显著度降低了，是初始估计值的一半（没有控制分工）。因此，在估计外来劳动力对TFP的影响的时候控制"分工变化"的影响比引入其他控制变量作用明显要大。这说明对生产率正面影响中的很大部分可能实际上是通过在生产过程中本地和移外来劳动力的有效重新配置产生的。在技能偏向回归中控制工作重新配置的影响更小。这是可以预期的，因为依据劳动力比较优势进行重新配置很可能会强化总效率。但是，即便控制了工作配置变量，外来劳动力较多的城市仍然会倾向于选择劳动密集型技术。

6.4.6　主要估计结果的稳健性

由实证分析可知，外来劳动力对城市总就业之间的弹性系数约为1，即城市总就业与外来劳动力呈同比例增长趋势，并不存在外来劳动力挤占本地劳动力就业的证据。同时发现外来劳动力对城市的TFP有显著的正效应，且有显著的非技能偏向。外来劳动力对生产率的影响（可分解为对资本密集度、劳动力受教育程度和工作时间）最终会对劳均产出有显著为正的影响。在这一部分，检验外来劳动力对$\hat{N}_{st}$、$\hat{y}_{st}$、$\hat{A}_{st}$和$\hat{\beta}_{st}$的影响，并通过增加控制变量以及样本限制以检验估计结果的稳健性。表6-7使用2SLS估计了上述变量对移民的弹性系数，并采用了不同的稳健性检验。

表6-7　稳健性检验

被解释变量	（1）基准回归	（2）控制趋同	（3）排除特大型城市	（4）包含地区虚拟变量
$\hat{N}$	1.19**	1.25	2.26	0.8*
	（0.31）	（0.67）	（0.23）	（0.52）
$\hat{y}$	0.37**	0.68**	0.58**	0.72**
	（0.26）	（0.21）	（0.56）	（0.21）
$\hat{A}$	1.11**	1.20**	2.54**	0.89**
	（0.24）	（0.53）	（0.25）	（0.64）

续表 6-7

被解释变量	（1）基准回归	（2）控制趋同	（3）排除特大型城市	（4）包含地区虚拟变量
$\hat{\beta}$	−0.96**	−0.54**	−1.01**	−1.01**
	（0.11）	（040）	（0.46）	（0.13）
Observations	63	63	59	63

注：*$p<0.1$，**$p<0.05$，***$p<0.01$，括号内为稳健标准差。

首先，对于地区生产总值和生产率，如果外来劳动力倾向于流入发展程度较低的城市，那么不同城市之间的趋同可能会使得估计有偏。包含了因变量的初始值来解释趋同（表 6-7 的第 3 列）并没有改变结果的性质。事实上，其提高了外来人口的就业、人均产出和生产率。

当去掉最发达也是外来劳动力迁入量最大的城市样本（北京、上海、广州、深圳），除了就业变量，其他因变量的估计系数都有所上升，同时标准误差变大。这意味着如果城市外来劳动力数量不多，更有可能聚集到特定行业中，如服务业、建造业、农业和制造业，以此加强劳动力重新配置，提高总产出以及整体生产率，但随着迁入的外来劳动力数量增加，外来劳动力的比较优势会逐渐弱化，对产出以及生产率的边际效应也会下降。最后，将东、中、西部 3 个地区虚拟变量纳入到回归中，估计结果并没有太大改变。

6.4.7　对工资的影响

最后，为检验本章结果与前文所得结论的一致性，从估计结果中可以得到外来劳动力对高技能和低技能劳动力工资的影响。如果我们将高技能和低技能劳动力的小时工资定义为 H_{st} 和 L_{st} 的边际生产率。那么改写一下表达式，可通过下面两种分解，得到各因素对工资变化率的影响：

$$\hat{w}_{st}^{H} = \left(\frac{\alpha}{1-\alpha}\right)\frac{\hat{K}_{st}}{Y_{st}} + \hat{A}_{st} + \frac{1}{\sigma}\left(\hat{\phi}_{st} - \hat{h}_{st}\right) + \frac{\sigma-1}{\sigma}\hat{\beta}_{st} \qquad (6-11)$$

$$\hat{w}_{st}^{L} = \left(\frac{\alpha}{1-\alpha}\right)\frac{\hat{K}_{st}}{Y_{st}} + \hat{A}_{st} + \frac{1}{\sigma}\left(\hat{\phi}_{st} + \frac{h_{st}}{1-h_{st}}h_{st}\right) - \frac{\sigma-1}{\sigma}\hat{\beta}_{st}\frac{\beta_{st}}{1-\beta_{st}} \qquad (6-12)$$

式（6-11）和式（6-12）右边的各项意味着资本—劳动比的增加、TFP 的增加会增加所有工人的边际生产率，并提高所有类型工人的小时工资。高技能劳动力的占比或者技能偏向度 β 的增加对高技能及低技能工人的影响有所不同。

高教育水平劳动力的小时工资将受益于 h 的下降和 β 的提高，但是教育水平较差劳动力的小时工资将会受益于 h 的增加和 β 的减少。采用表 6-2 列（1）的估计数据，可知 0.5% 的初始就业的（大约相当于 2002—2012 年期间的年流入）外来人口流入对高技能劳动力的工资影响等于 0.36%。

使用表 6-2 里列（1）的估计结果和式（6-12），并采用 2002 年的值作为初始的 h 和 β 的值，可以得到结论：外来劳动力的增加（等于现有劳动力的 0.5%）同样会引发低技能劳动力工资增长约 0.06%。与多数对外来人口对劳动力市场影响的研究结论类似，某种程度上外来人口对高技能工人的影响是正面的，对低技能工人工资的影响接近 0。分解强调了外来劳动力对低技能工人的供给冲击被非技能偏向型生产率效应平衡了，所以结果是对非熟练工人的工资影响很小。

6.5　本章小结

本部分估计了各调查城市的外来劳动力对生产率、资本密集度和技能偏向的影响。估计过程中还考虑了地理因素带来的影响。得出主要结论如下：

第一，外来劳动力对城市就业有显著的促进作用。不管是 OLS 还是 2SLS 估计结果，外来劳动者比重对总就业人数弹性系数约为 1，外来劳动者比重每上升 1%，就业率将至少提高 1%，外来劳动力对城市本地劳动力市场并没有明显的挤出效应。

第二，外来劳动力与劳均产出存在显著为正的相关性。这种正相关关系来源于外来人口在城市务工以后整体技能水平有所上升，促进了平均劳动生产率，弹性系数系数约为 1.05；以及外来劳动力所占比重与资本—产出比负相关性，弹性大约为 -0.5，资本产出比的降低意味着单位产出所需要的物质资本下降，劳均产出上升；同时，外来劳动力对劳均工作时长的正效应（约为 0.07）以及对技能密集度指数的负效应（约为 -0.15）都会补偿其对人均产出的影响。

第三，外来劳动力能显著提高全要素生产率，这种对效率的促进作用主要来自非技能偏向型技术进步，也就是说，主要来源于低技能劳动力效率的提高。

第四，外来劳动力降低了高技能劳动力占比以及技能偏向度。劳动力市场中的外来劳动力比重与高学历劳动者占比、技能偏向度之间存在显著负相关关系，弹性系数都为 -0.7。

第五，资本密集度的降低并不是因为资本对劳动力的调整不完全引起的，而是与产出增长不成比例，原因在于外来劳动力的供给增加了劳动密集型技术的使用，并增加了总产出。

通过纳入一系列控制变量，如研发支出、技术采用、行业构成、对外开放程度，检验了这些效应的稳健性。外来劳动力对生产率的正面影响可以部分归因于外来劳动力和本地劳动力在生产密集和非生产密集的工作上的有效分工（每个群体都有比较优势），最终提升了总体的效率。从外来劳动力对工资的影响来看，外来劳动力对受教育程度较低的本地劳动力工资影响接近 0，但会提升本地受教育程度较高居民的工资。

第7章 结论与建议

7.1 主要结论

中国劳动力流动具有不同于其他国家的鲜明特点，本书以外来劳动力与城市劳动力在就业、工资以及劳动生产率巨大差异为背景，从微观主体的角度解释了我国人口迁移对城市劳动力市场影响的动因和特点，得出主要结论如下：

第一，受教育程度对迁移倾向有着持续的正向激励，受教育程度较高的人群倾向于迁往技能溢价较高的地区。从劳动生产率的角度来看，即使受教育水平不同，外来劳动力更倾向于迁往社会全要素生产率比较高的地区，这种偏好随着受教育程度的上升而增加。从外来劳动力就业率与迁移意愿的关系来看，整体上外来劳动力"厌恶"劳动力市场竞争，劳动力市场竞争越激烈，外来劳动力选择永久性居住在所在地的意愿会越低。然而，通过观察不同收入阶层的估计结果可以发现，处于收入分布最高5%的群体却倾向于迁移到就业竞争激烈的地区，原因是在该群体中，就业单位性质为个体工商户与私营企业占最高收入总人数80.23%，这部分人通常所从事的行业为批发零售与住宿参餐饮，分别占收入最高人群的38.55%与11.05%。由此可见，低端服务业的从业人员面临激烈竞争的同时，又更倾向于迁往市场比较大，且存在正向外部效应的地区。在这种背景下，可以看出到底是哪种因素影响着迁移的区位选择及高素质劳动力的供给。收入差距大的地区的劳动力通常是被动型自选择个体，那么收入相对均等的地区将会特别吸引高技能劳动力，不管收入水平的高低。这对可以自由迁移的地区来说富有重要意义，通常收入差距较小的地区，如北京、上海，将会吸引大量高技能劳动力，而低技能劳动力则会迁往收入差距较大且平均收入水平较高的地区，而随着收入差距的继续扩大，低技能劳动力将会降低迁移意愿。

第二，总体上来看，外来劳动力的进入会对本地劳动力就业率造成负面的冲击，但影响十分有限。从受教育程度角度来看，受教育程度越高的外来劳动力对城市本地劳动力市场造成的影响越大，高学历的外来劳动力与低学历的外来劳动力相比，由于其掌握了更高的劳动技能，因此能更积极地参与当地就业市场的竞争。劳动力整体的教育结构对本地劳动力就业率同样会产生负向的影响。对于只具有初中及以下学历的本地劳动力来说，由于与外来低学历劳动力的替代弹性无穷大，即本地低学历劳动力能完全被外来劳动力所替代，其面临的就业竞争最激烈。对于具有高中及以上学历的本地劳动力与外来劳动力之间则呈现出不完全替代关系。从劳动力所属行业的角度看，外来劳动力对人力资本要求比较低、进入门槛低的行业中本地劳动力就业几乎没有影响，而对人资资本要求比较高、进入门槛也高的行业中本地劳动力就业率的影响较大。与本地劳动力的就业率相比，新进入的外来人口对本地原外来人口就业率的影响会比较大。

第三，本书估计了不同受教育水平劳动力之间的替代弹性。在经典的劳动经济学中，假设低技能劳动力之间的替代弹性无限大，即低技能劳动力之间是完全替代关系。本书论证了该假设并不成立，低技能劳动力之间存在不完全替代关系，并得到数据支持。如果各劳动组的流入数量相对平衡，则意味着外来劳动力的流入对相对工资的影响非常小，而低学历流入人群的工资会受到较小的负向影响。从劳动力流入对城市工资率的短期影响看，外来劳动力对本地劳动力工资的负向影响极为有限，对低学历劳动力的影响最大；外来劳动力中受教育程度较高劳动组的工资率则会随着同质劳动力增加出现较大程度的下降，其中受影响最大的教育组为大学本科组。从劳动力流入对城市工资率的短期影响看，本地劳动力工资会经历一个先降后升的过程。在长期，对外来劳动力工资的影响约为 –6%。其中，对外来本科组以及高中组工资的负面影响分别为 –7.01% 及 –4.41%。

第四，外来劳动力对城市本地劳动力市场并没有明显的挤出效应。外来劳动力与劳均产出存在显著为正的相关性。这种正相关关系来源于外来人口在城市务工以后整体技能水平有所上升，促进了平均劳动生产率；以及外来劳动力所占比重与资本—产出比负相关性，资本产出比的降低意味着单位产出所需要的物质资本下降，劳均产出上升；同时，外来劳动力对劳均工作时长的正效应以及对技能密集度指数的负效应都会补偿其对人均产出的影响。外来移民能显著提高全要素生产率，这种对效率的促进作用主要来自非技能偏向型技术进步，也就是说，主要来源于低技能劳动力效率的提高。外来劳动力降低了高技能劳动力占比以及技能偏向度。劳动力市场中的外来劳动力比重与高学历劳动者占比、技能偏向度之间存在显著负相关关系。通过纳入一系列控制变量，如研发支出、技术采用、行业构成、对外开放程度，检验了这些效应的稳健性。外来劳动力对生产率的正面影响可以部分归因于外来劳动力和本地劳动力在生产密集和非生产密集的工作上的有效分工（每个群体都有比较优势），最终提升了总体的效率。从外来劳动力对工资的影响来看，外来劳动力对受教育程度较低的本地劳动力工资影响接近 0，但会提升本地受教育程度较高居民的工资。总之，外来劳动力占比高于平均水平的城市有着几乎同步的就业增长率，有着更高的人均收入增长率以及全要素生产率。生产的资本密集度和技能密集程度却以较低的增长率变化。

7.2 政策建议

基于本书研究结论，提出如下政策建议：

第一，加强就业服务体系建设，建立城乡统一的公共就业服务体系。

未来 10 年是中国城市化快速发展时期，城市和农村两个劳动力市场之间的相互作用将会进一步加强，这就需要对户籍、社会保障（包括城乡医疗、养老、教育、住房）为核心的一系列制度进行深化改革，为农村劳动力真正融入城市劳动力市场提供便利条件。消除劳动力自由迁移与流动的制度障碍，促进城市外来务工人员"社会融合"。人口流动能更好的实现知识溢出，提高整体劳动生产率，使得在老龄化大背景下，我国未来的生产制造业不会因为劳动力数量的下降，出现产能大幅降低，同时劳动力素质的提升也有利于产业结构的更新升级。完善就业市场机制，消除行业隔离。充分保障外来劳动力享有与城市居民相同的教育、就业等机会与资源，消除制度隔离，保障社会公平。建立城乡一体劳动力市场，完善就业市场机制，弱化非人力资本在职业获得过程中的不公平现象，规范职业资格准入、企事业单位招聘行为。建立健全与非正规就业、自主创业方式相适应的就业保障制度。倡导灵活就业、自主创业，完善与之相适应的社会劳动保障制度和就业管理政策，采取更加灵活的优惠政策，促进自主创业和灵活劳动就业的稳步发展，以提高就业增长弹性，扩大就业。

第二，要缩小外来劳动力与本地劳动力的收入差距，提高外来劳动力受教育水平以及人力资本水平是重要途径。加强教育投入，通过教育均等化消除收入差异。在城镇化大背景下继续加大教育资源向县、镇地区倾斜力度，整合教学力量，扩大优质教育资源覆盖面。深化考试招生制度改革，赋予各地区城乡学生的公平发展机会，同时根据教育基础设施存在地区差异的事实，出台更为完善的考试选拔机制。弱化精英教育理念，大力发展技能教育。有学者通过研究近年来出现的技能逆溢价现象，指出我国持续出现的高校毕业生就业难问题最根本的原因在于其虽然获得了高学历，但并非真正意义上的高技能劳动力。为此，在我国高等教育领域，需要以就业为导向，规范高校盲目扩招行为，实施大学生就业促进计划，缓解高学历劳动力就业压力，实现人才匹配。谋求职业教育与普通高等教育的等值，以产业发展需要为纽带，合理高效地衔接人才培养与企业需求。同时还要改革目前的职业教育模式，培养技能型教师，注重专业的调整，教材的更新，使之与劳动力市场的现实需要相适应。采取校企联动，发展订单式定向培养，以满足企业对技能型人才的需求。顺应职业发展需要，增强外来劳动力就业服务和职业培训。为外来劳动力提供多种再教育途径和资源，促进低学历人群的人力资本积累，进一步提高外来劳动力在就业市场上的竞争力与适应性。鼓励、支持职业培训机构开展就业前、在职、继续教育和再就业等方面的培训，形成终身学历的职业培训体系，增强青年劳动力创业、择业、岗位转换能力，把就业压力转化为人力资源优势。在此基础上，建立职业能力评价体系，规范职业资格证书制度，扩展劳动力在就业市场上的选择区间。

第三，加快经济结构调整步伐，推动经济发展目标由速度向质量转型。随着人口整体素质的提高，受教育程度较高的劳动力之间不可避免地出现就业摩擦，如何利用好人力资本存量，从中挖掘二次人口红利，是影响中国经济持续增长以及社会稳定的重大命题。为此，需要继续加大教育、科技投入，推动我国大多数企业由简单模仿、来料加工向自主研发转型，以吸纳更多高素质人才就业。

第四，明确城市主导功能与定位，调整分散过于聚集的城市资源。深化户籍制度改革一个现实障碍在于部分特大城市，如北京、上海、广州、深圳，一旦放开户籍管制，将会面临外来人口急剧膨胀，给劳动力市场、交通、治安、环境等方面带来巨大压力。如何解决放开户籍管制的社会诉求与城市压力的现实背景之间的矛盾，是我国经济社会转型过程中不得不面对的难题。要解决这一难题，在如今的社会人文环境中单纯依靠行政制度已经不能行之有效，关键在于逐渐改变大而全的城市建设思路，剥离特大城市过于聚集的城市职能，避免诸如医疗、教育等资源的过度集中；同时向其他城市适当让渡发展机会，培养各省市的比较优势，合理分流流动人口。

参考文献

[1] ACEMOGLU D.Directed technical change [J] .The Review of Economic Studies, 2002, 69（4）: 781-809.

[2] ACEMOGLU D.Why do new technologies complement skills? Directed technical change and wage inequality [J] .The Quarterly Journal of Economics, 1998, 113（4）: 1055-1089.

[3] ALBANO G L, DINI F, ZAMPINO R, FANA M.The Determinants of Suppliers' Performance in E-Procurement: Evidence from the Italian Government's E-Procurement Platform [J] .Social Science Electronic Publishing, 2008, 50（4）: A211.

[4] ALTONJI J G, CARD D.The effects of immigration on the labor market outcomes of less-skilled natives [M] .Chicago: University of Chicago Press, 1991, 201-234.

[5] ANGRIST J D.The economic returns to schooling in the West Bank and Gaza Strip [J] .American Economic Review, 1995, 85（5）: 1065-1087.

[6] ANTOCI A, RUSSU P, TICCI E.Structural change, environment and well-being: interactions between production and consumption choices of the rich and the poor in developing countries[J].Working Papers,2008(48).

［7］BARRO R T.Regional growth and migration：A Japan-United States comparison［J］.Journal of the japanese and International Economies，1992，6（4）：312-346.

［8］BARTEL A P.Where do the new US immigrants live?［J］.Journal of Labor Economics，1989：371-391.

［9］BENHABIB J.On the political economy of immigration［J］.European Economic Review，1996，40（9）：1737-1743.

［10］BORJAS G J.Mexican immigration to the United States［M］.Chicago：University of Chicago Press，2007.

［11］BORJAS G J.Native internal migration and the labor market impact of immigration［J］.Journal of Human Resources，2006，41（2）：221-258.

［12］BORJAS G J.The labor demand curve is downward sloping：reexamining the impact of immigration on the labor market［J］.The quarterly journal of economics，2003，118（4）：1335-1374.

［13］BORJAS G J.The economics of immigration［J］.Journal of economic literature，1994：1667-1717.

［14］BORJAS G J，BRONARS S G，TREJO S J.Self-selection and internal migration in the United States［J］.Journal of Urban Economics，1992，32（2）：159-185.

［15］BORJAS G J，FREEMAN R B，KATZ L F.On the labor market effects of immigration and trade［M］.Chicago：University of Chicago Press，1992：213-244.

［16］BORJAS G J，FREEMAN R B，KATZ L F.How much do immigration and trade affect labor market outcomes?［J］.Brookings papers on economic activity，1997：1-90.

［17］BORJAS G J，FREEMAN R B，LANG K.Undocumented Mexican-born workers in the United States：how many，how permanent?［M］.

Chicago: University of Chicago Press, 1991: 77-100.

[18] BORJAS G J, GROGGER J, HANSON G H.Imperfect substitution between immigrants and natives: a reappraisal [R].National Bureau of Economic Research, 2008.

[19] BORJAS G J, KATZ L F.The evolution of the Mexican-born workforce in the United States [J].Nber Chapters, 2007.

[20] BORJAS G J, RAMEY V A.Foreign competition, market power and wage inequality: theory and evidence [R].National Bureau of Economic Research, 1993.

[21] BOSETTI V, CARRARO C, MASSETTI E.Banking permits: economic efficiency and distributional effects [J].Journal of Policy Modeling, 2009, 31 (3): 382-403.

[22] BOSETTI V, GOLUB A, MARKANDYA A, et al.Abatement Cost Uncertainty and Policy Instrument Selection under a Stringent Climate Policy.A Dynamic Analysis [J].Working Papers, 2008.

[23] BREZIS E S, KRUGMAN P R.Immigration, investment, and real wages [J].Journal of Population Economics.1996, 9 (1): 83-93.

[24] BUTCHER K F, CARD D E.Immigration and Wages: Evidence from the 1980s [J].American Economic Review, 1991, 81 (2): 292-296.

[25] CANTON J, DAVID M.Environmental Regulation and Horizontal Mergers in the Eco-industry [J].Strategic Behavior and the Environment, 2012, 2 (2): 107-132.

[26] CARATTI P, FERRAGUTO L.Analysing Regional Sustainability Through a Systemic Approach: The Lombardy Case Study [J].Social Science Electronic Publishing, 2008.

[27] CARD D.How immigration affects US cities [J].Making Cities Work: Prospects and Policies for Urban America, 2009: 158-200.

[28] CARD D.Immigration and inequality [R].National Bureau of Economic

Research, 2009.

［29］CARD D.Is the new immigration really so bad? ［J］.The Economic Journal, 2005, 115（507）: F300–F323.

［30］CARD D.Immigrant inflows, native outflows, and the local labor market impacts of higher immigration ［R］.National Bureau of Economic Research, 1997.

［31］CARD D.The impact of the Mariel boatlift on the Miami labor market ［R］. National Bureau of Economic Research, 1989.

［32］CARD D, DINARDO J E.Do immigrant inflows lead to native outflows?［R］. National bureau of economic research, 2000.

［33］CARD D, LEWIS E G. The Diffusion of Mexican Immigrants During the 1990s: Explanations and Impacts ［C］//National Bureau of Economic Research, Inc., 2005: 193–227.

［34］CARRASCO R, JIMENO J F, ORTEGA A C.The effect of immigration on the labor market performance of native–born workers: some evidence for Spain ［J］.Journal of Population Economics, 2008, 21（3）: 627–648.

［35］CARRINGTON W J, DE LIMA P.Large–scale immigration and labor markets: An analysis of the retornados and their impact on Portugal ［J］. Johns Hopkins U., 1994.

［36］CASELLI F, COLEMAN W J.The world technology frontier ［J］.The American Economic Review, 2006: 499–522.

［37］CASELLI F, ESQUIVEL G, LEFORT F.Reopening the convergence debate: a new look at cross–country growth empirics ［J］.Journal of economic growth, 1996, 1（3）: 363–389.

［38］CESI B, ALBANO G L.Past performance evaluation in repeated procurement: A simple model of handicapping ［J］.Ssrn Electronic Journal, 2008.

［39］CHIQUIAR D，HANSON G H.International migration，self-selection，and the distribution of wages：Evidence from Mexico and the United States［R］.National Bureau of Economic Research，2002.

［40］CICCONE A，PERI G.Long-run substitutability between more and less educated workers：evidence from US states，1950－1990［J］.Review of Economics and Statistics，2005，87（4）：652-663.

［41］CORNELIUS W A.Mexican migration to the United States［J］.Proceedings of the Academy of Political Science，1981，34（1）：67-77.

［42］CORTES P.The effect of low - skilled immigration on US prices：evidence from CPI data［J］.Journal of political Economy，2008，116（3）：381-422.

［43］D'AMURI F，OTTAVIANO G I，PERI G.The labor market impact of immigration in Western Germany in the 1990s［J］.European Economic Review，2010，54（4）：550-570.

［44］DECRESSIN J，FATS A.Regional labor market dynamics in Europe［J］.European Economic Review，1995，39（9）：1627-1655.

［45］DEL CORPO B，GASPARINO U，BELLINI E，et al.Effects of tourism upon the economy of small and medium-sized European cities：Cultural tourists and 'the others'［J］.Social Science Electronic Publishing，2008.

［46］DOCQUIER F，ZDEN ，PERI G.The wage effects of immigration and emigration［R］.National Bureau of Economic Research，2010.

［47］DOLADO J，GORIA A，ICHINO A.Immigration，human capital and growth in the host country［J］.Journal of population economics，1994，7（2）：193-215.

［48］DUSTMANN C，FRATTINI T，PRESTON I.The effect of immigration along the distribution of wages［J］.Cream Discussion Paper，2008，80（1）：145-173.

［49］DUSTMANN C, GLITZ A, FRATTINI T.The labour market impact of immigration［J］.Oxford Review of Economic Policy, 2008, 24（3）: 477-494.

［50］FASSMANN H, MUNZ R.Patterns and trends of international migration in Western Europe［J］.The Population and Development Review, 1992: 457-480.

［51］FRACHISSE D, BILLAND P, MASSARD N.The Sixth Framework Program as an Affiliation Network: Representation and Analysis［J］. Ssrn Electronic Journal, 2008.

［52］FRANKEL J A, ROMER D.Does trade cause growth?［J］.American economic review, 1999, 89: 379-399.

［53］FRIEDBERG R M.The impact of mass migration on the Israeli labor market［J］.The Quarterly Journal of Economics, 2001, 116（4）: 1373-1408.

［54］GAROFALO G A, YAMARIK S.Regional convergence: Evidence from a new state-by-state capital stock series［J］.Review of Economics and Statistics, 2002, 84（2）: 316-323.

［55］GERFIN M, KAISER B.The effects of immigration on wages: An application of the structural skill-cell approach［R］.Discussion Papers, Department of Economics, Universitt Bern, 2010.

［56］GHATAK S, LEVINE P, PRICE S W.Migration theories and evidence: an assessment［J］.Journal of Economic Surveys, 1996, 10（2）: 159-198.

［57］GIDEON K, LORENZO P.Institutions and Forest Management: A Case Study from Swat, Pakistan［J］.2008.

［58］GIUPPONI C, MYSIAK J, SGOBBI A.Participatory modelling and decision support for natural resources management in climate change research［J］.Working Papers, 2008（13）.

［59］GKOVALI U，BAHAR O.Contribution of tourism to economic growth：a panel data approach［J］.Anatolia，2006，17（2）：155-167.

［60］GONZALEZ L，ORTEGA F.Immigration and housing booms：Evidence from spain［J］.Journal of Regional Science，2013，53（1）：37-59.

［61］GROSSMAN J B.The substitutability of natives and immigrants in production［J］.The review of economics and statistics，1982：596-603.

［62］HALLEGATTE S.A proposal for a new prescriptive discounting scheme：the intergenerational discount rate［J］.Ssrn Electronic Journal，2008：47.

［63］HUNT J.Impact of the 1962 Repatriates from Algeria on the French Labor Market［J］.The Indus. & Lab.Rel.Rev.，1991，45：556.

［64］HUNT J，Gauthier-Loiselle M.How much does immigration boost innovation?［R］.National Bureau of Economic Research，2008.

［65］JAEGER D A.Skill Differences and the Effect of Immigrants on the Wages of Natives［J］.US Bureau of Labor Statistics Working Paper，1996：273.

［66］JOHNSON G E.Changes in earnings inequality：the role of demand shifts［J］.Journal of Economic Perspectives，1997，11：41-54.

［67］JONES C I.The shape of production functions and the direction of technical change［J］.The Quarterly Journal of Economics，2005，120（2）：517-549.

［68］KATZ L F，KRUEGER A B.Computing inequality：have computers changed the labor market?［J］.The Quarterly Journal of Economics，1998，113（4）：1169-1213.

［69］KATZ L F，MURPHY K M.Changes in relative wages，1963-1987：supply and demand factors［J］.The Quarterly Journal of Economics，1992，107（1）：35-78.

［70］KEMPF H, VON THADDEN L.On policy interactions among nations: when do cooperation and commitment matter?［J］.Working Papers, 2010, 112（3）: 256‒258.

［71］KONISHI H, FURUSAWA T.Contributing or Free‒Riding? A Theory of Endogenous Lobby Formation［J］.Working Papers, 2008, 30（23）: 83‒88.

［72］KRUSELL P, OHANIAN L E, ROS RULL J V, et al.Capital‒skill complementarity and inequality: A macroeconomic analysis［J］. Econometrica, 2000, 68（5）: 1029‒1053.

［73］LALONDE R J, TOPEL R H.Labor market adjustments to increased immigration［M］.Chicago: University of Chicago Press, 1991: 167‒199.

［74］LEVIN R C, KLEVORICK A K, NELSON R R, et al.Appropriating the returns from industrial research and development［J］.Brookings papers on economic activity, 1987: 783‒831.

［75］LEWIS E.Immigration, skill mix, and the choice of technique［J］. Social Science Electronic Publishing, 2005, 64（5‒04）: 18‒34.

［76］LONGHI S, NIJKAMP P, POOT J.A Meta‒Analytic Assessment of the Effect of Immigration on Wages［J］.Journal of Economic Surveys, 2005, 19（3）: 451‒477.

［77］MANACORDA M, MANNING A, WADSWORTH J.The impact of immigration on the structure of wages: Theory and evidence from Britain ［J］.Journal of the European Economic Association, 2012, 10（1）: 120‒151.

［78］MARKUSEN J R.Factor movements and commodity trade as complements ［J］.Journal of international economics, 1983, 14（3）: 341‒356.

［79］MOCETTI S, PORELLO C.How does immigration affect native internal mobility? new evidence from Italy［J］.Regional Science and Urban

Economics, 2010, 40（6）: 427-439.

[80] OKKERSE L.How to measure labour market effects of immigration: A review ［J］.Journal of Economic Surveys, 2008, 22（1）: 1-30.

[81] OTTAVIANO G I, PERI G.Rethinking the effect of immigration on wages ［J］.Journal of the European Economic Association, 2012, 10（1）: 152-197.

[82] OTTAVIANO G I, PERI G.The effects of immigration on US wages and rents: A general equilibrium approach ［M］.Cheltenham: Edward Elgar Publishing, 2012.

[83] OTTAVIANO G I, PERI G.The economic value of cultural diversity: evidence from US cities［J］.Journal of Economic Geography., 2006, 6（1）: 9-44.

[84] PERI G, SPARBER C.Task specialization, immigration, and wages ［J］. American Economic Journal: Applied Economics, 2009: 135-169.

[85] POPE D, WITHERS G.Do migrants rob jobs? Lessons of Australian history, 1861－1991［J］.The Journal of Economic History, 1993, 53（4）: 719-742.

[86] RAZIN A, SADKA E.Migration and pension with international capital mobility ［J］.Journal of Public Economics, 1999, 74（1）: 141-150.

[87] SAIZ A.Immigration and housing rents in American cities ［J］.Journal of Urban Economics, 2007, 61（2）: 345-371.

[88] SIMON J L.The economic consequences of immigration ［M］.Ann Arbor, Michigan : University of Michigan press, 1999.

[89] SINGER A.The rise of new immigrant gateways ［J］.Brookings Institution, 2004.

[90] SMEEDING T M.Public Policy, Economic Inequality, and Poverty: The United States in Comparative Perspective ［J］.Social Science Quarterly, 2005, 86（s1）: 955-983.

［91］STARK O，BLOOM D E.The new economics of labor migration［J］.The American Economic Review，1985：173-178.

［92］VICTOR G E，WEBER S.Economics Of Literary Translation：A Simple Theory And Evidence［J］.Social Science Electronic Publishing，2008.

［93］WARREN R，KRALY E P.The elusive exodus：emigration from the United States［J］.Washington D，1985.

［94］WARREN R，PASSEL J S.A count of the uncountable：estimates of undocumented aliens counted in the 1980 United States Census［J］. Demography，1987，24（3）：375-393.

［95］WHITE M J，HUNTER L M.The migratory response of native-born workers to the presence of immigrants in the labor market［C］//Presented at the Annual Meeting of the Population Association of America Cincinnati Ohio，1993.

［96］WOOLDRIDGE J M.Econometric analysis of cross section and panel data ［M］.Cambridge，MA：MIT press，2010.

［97］蔡昉.劳动力成本提高条件下如何保持竞争力［J］.开放导报，2007(1)：26-32.

［98］蔡昉.边缘化的外来劳动力［J］.开放导报，2004（6）：37-40.

［99］蔡昉.中国城市限制外地民工就业的政治经济学分析［J］.中国人口科学，2000（4）：1-10.

［100］蔡昉.特征与效应——山东农村劳动力迁移考察［J］.中国农村观察，1996（2）：51-56.

［101］蔡昉，王德文，吴要武.迁移、失业与城市劳动力市场分割——为什么农村迁移者的失业率很低？［J］.世界经济文汇，2004（1）：37-52.

［102］蔡皙，王德文.中国经济增长可持续性与劳动贡献［J］.经济研究，1999（10）：62-68.

［103］曾明星.极化增长区域人力资源优化配置研究［D］.上海：华东师

范大学，2005.

［104］陈浩.人力资本与农村劳动力非农就业问题研究［D］.南京：南京农业大学，2007.

［105］陈金永，杨云彦.转型劳动力市场的分层与竞争——结合武汉的实证分析［J］.中国社会科学，2000（5）：28-38.

［106］陈培钦，王俊杰.我国全要素生产率测度差异的原因分析——基于DEA的方法［J］.当代经济，2013（1）：115-117.

［107］程名望.中国农村劳动力转移：机理、动因与障碍［D］.上海：上海交通大学，2007.

［108］单豪杰.中国资本存量K的再估算:1952—2006年［J］.数量经济技术经济研究，2008（10）：17-31.

［109］德吉.基于本地劳动力就业的资源型地区发展战略研究［D］.北京：中国地质大学，2013.

［110］丁金宏，杨上广.流动人口的城市就业效应［J］.华东师范大学学报（哲学社会科学版），2005（3）：82-87.

［111］丁仁船.转型时期中国城镇劳动供给影响因素研究［D］.上海：华东师范大学，2007.

［112］丁守海.农民工工资与农村劳动力转移：一项实证分析［J］.中国农村经济，2006（4）：56-62.

［113］董直庆，宋冬林，王林辉.技能偏向型技术进步存在吗？——来自中国的经验证据［J］.经济研究，2010（5）：68-81.

［114］杜两省，刘士武，陈太明.我国劳动力流动问题的理论模型［J］.辽宁师范大学学报（自然科学版），2009（1）：28-32.

［115］杜书云.农村劳动力转移就业成本——收益问题研究［D］.郑州：郑州大学，2006.

［116］段晋苑.移民限制、人口城乡迁移与城市化模式［D］.广州：暨南大学，2010.

［117］范巧.永续盘存法细节设定与中国资本存量估算:1952—2009年［J］.

云南财经大学学报，2012（3）：42-50.

[118] 封进，许庆.外来劳动力，社会保障体系与经济发展——以上海为例[J].开放导报，2005（4）：13-22.

[119] 冯丽丽.中国的技能偏向型技术进步对技能工资差异的影响研究[D].济南：山东大学，2012.

[120] 甘春华.城乡劳动力市场融合的动力机制研究[D].广州：暨南大学，2008.

[121] 郭凤鸣，张世伟.教育和户籍歧视对城镇工和农民工工资差异的影响[J].农业经济问题，2011（6）：35-42.

[122] 郭庆松.我国城市劳动力供求及就业问题研究——以上海市为例[J].社会科学，2004（11）：63-71.

[123] 韩靓.基于劳动力市场分割视角的外来务工人员就业和收入研究[D].天津：南开大学，2009.

[124] 郝静.中国劳动力市场双重分割下农民工流动与就业[D].长沙：湖南大学，2005.

[125] 何雄，黄瑞芹.外来劳动力对城镇就业替代差异分析——以湖北省不同规模等级城市为例[J].人口与经济，2005（6）：17-19.

[126] 胡俊波.禀赋、不确定性与转型期农村劳动力转移[D].成都：西南财经大学，2007.

[127] 黄春燕.城乡劳动力关系：互补还是替代？——基于城镇单位行业间就业的分析[J].农村经济，2011（2）：111-115.

[128] 黄宁阳，汪晓银.基于异质生产要素模型对农民工与城镇劳动力关系的研究[J].武汉大学学报（哲学社会科学版），2010（3）：464-468.

[129] 黄宁阳，汪晓银.农村劳动力进城务工与城镇失业关系研究[J].农业技术经济，2009（6）：4-9.

[130] 黄乾.农村劳动力转移就业问题性质的根本转变与社会政策选择[J].人口研究，2007（4）：70-76.

［131］黄瑞芹，张广科.中国城镇本地与外来人口职业排斥的性别比较［J］.世界经济文汇，2007（5）：19-29.

［132］黄颖钰，王桂新.中国省际人口迁移与东部地带的经济发展：1995～2000［J］.人口研究，2005（1）：19-28.

［133］黄忠平.劳动力转移、全要素生产率与中国增长奇迹［J］.唯实，2007（2）：44-47.

［134］姜励卿.中国城镇劳动力市场户籍工资差异的实证研究［D］.杭州：浙江大学，2012.

［135］靖学青.中国省际物质资本存量估计：1952—2010［J］.广东社会科学，2013（2）：46-55.

［136］李宾.我国资本存量估算的比较分析［J］.数量经济技术经济研究，2011（12）：21-36.

［137］李磊.城市化过程中农民进城就业问题研究［D］.北京：中国农业大学，2004.

［138］李国锋.劳动力流动对经济增长的贡献：基于北京市的测算［J］.首都经济贸易大学学报，2009（3）：31-36.

［139］李建民.中国劳动力市场多重分隔及其对劳动力供求的影响［J］.中国人口科学，2002（2）：1-7.

［140］李丽辉.技术进步对劳动力流动的效应分析［D］.西安：西北大学，2007.

［141］李萌.中国转型时期农民工就业歧视问题研究［D］.武汉：华中科技大学，2005.

［142］李琴，孙良媛.外来务工人员工作搜寻时间代际差异分析——兼论对收入的影响［J］.南方人口，2012（5）：71-80.

［143］李小平，陈勇.劳动力流动、资本转移和生产率增长——对中国工业"结构红利假说"的实证检验［J］.统计研究，2007（7）：22-28.

［144］李永杰，张建武.构建城乡统筹就业机制的条件及对策［J］.华南

师范大学学报（社会科学版），2002（4）：28-34.

［145］刘冰．我国人口与劳动力流动及其对区域经济增长影响的研究［J］．科学与管理，2010（3）：43-47.

［146］刘大龙，王稳琴，王成军．中国城市物质资本、人力资本和社会资本估算［J］．经济问题探索，2011（2）：12-17.

［147］刘嘉亮．技能偏向型技术进步及其对人力资本结构的影响［D］．长春：吉林大学，2013.

［148］刘京军，邢春冰．绩效工资与工资差距——以珠三角外来务工工人工资为例［J］．南方经济，2012（10）：173-185.

［149］刘林平，张春泥．农民工工资：人力资本、社会资本、企业制度还是社会环境？——珠江三角洲农民工工资的决定模型［J］．社会学研究，2007（6）：114-137.

［150］刘士杰．人力资本、职业搜寻渠道、职业流动对农民工工资的影响——基于分位数回归和OLS回归的实证分析［J］．人口学刊，2011（5）：16-24.

［151］刘秀梅．我国农村劳动力转移及其经济效应研究［D］．北京：中国农业大学，2004.

［152］刘学军，赵耀辉．劳动力流动对城市劳动力市场的影响［J］．经济学（季刊），2009（2）：693-710.

［153］刘重力，邵敏．出口贸易、技术进步的偏向性与我国工资不平等［J］．经济评论，2010（4）：73-81.

［154］鲁晓东，连玉君．中国工业企业全要素生产率估计:1999—2007［J］．经济学（季刊），2012（2）：541-558.

［155］栾敬东．流动人口的社会特征及其收入影响因素分析［J］．中国人口科学，2003（2）：70-75.

［156］栾敬东．发达地区农村外来劳动力和移民管理研究［D］．南京：南京农业大学，2000.

［157］麻文奇．技术进步对东莞经济增长贡献率研究［J］．科技管理研究，

2010（11）：86-87.

［158］马捷．我国农村剩余劳动力转移的内生技术进步模式研究［D］．成都：西南交通大学，2006.

［159］毛丰付，潘加顺．资本深化、产业结构与中国城市劳动生产率［J］．中国工业经济，2012（10）：32-44.

［160］梅金平．不确定性、风险与中国农村劳动力区际流动［J］．农业经济问题，2003（6）：34-37.

［161］孟凡友，马九杰．城市农民工第二市场择业——关于深圳市的个案剖析［J］．开放时代，2003（4）：106-116.

［162］宁本荣．21世纪前10年上海市劳动力供给预测及相关政策调整［J］．上海行政学院学报，2003（2）：97-107.

［163］牛蕊，盛斌．生产性外包对中国工业全要素生产率及工资的影响研究［J］．世界经济文汇，2009（6）：1-18.

［164］牛雪峰，徐伟．劳动市场中介对城市外来人口工资的影响研究——以上海为例［J］．广西大学学报（哲学社会科学版），2011（3）：59-62.

［165］乔观民．大城市非正规就业行为空间研究［D］．上海：华东师范大学，2005.

［166］邱红．中国劳动力市场供求变化分析［D］．长春：吉林大学，2011.

［167］戎建．技术进步、人力资本与中国劳动力流动［D］．上海：复旦大学，2009.

［168］沈坤荣，余吉祥．农村劳动力流动对中国城镇居民收入的影响——基于市场化进程中城乡劳动力分工视角的研究［J］．管理世界，2011（3）：58-65.

［169］盛丹，王永进．要素积累、偏向型技术进步与劳动收入占比［J］．世界经济文汇，2010（4）：33-50.

［170］宋雅楠．外来劳动力对澳门工资水平的影响研究［J］．中国人口·资

源与环境，2013（5）：113-117.

[171] 宋玉琴. 人口迁移对城市本地就业的影响 [D]. 上海：上海社会科学院，2009.

[172] 孙亮，刘玉. 珠三角经济区劳动力结构与产业升级 [J]. 城市发展研究，2008（4）：91-97.

[173] 孙晓芳. 我国异质性劳动力流动问题研究 [D]. 太原：山西财经大学，2013.

[174] 万向东，刘林平，张永宏. 工资福利、权益保障与外部环境——珠三角与长三角外来工的比较研究 [J]. 管理世界，2006（6）：37-45.

[175] 王恩胡. 中国转型期农民收入问题研究 [D]. 杨凌：西北农林科技大学，2009.

[176] 王桂新，高慧，陈国相. 小城镇外来劳动力基本状况及对小城镇发展影响分析——以浙江省柯桥、柳市两镇为例 [J]. 人口学刊，2002（3）：3-8.

[177] 王桂新，沈建法. 上海外来劳动力与本地劳动力补缺替代关系研究 [J]. 人口研究，2001（1）：9-19.

[178] 王海宁. 就业、工资和福利权益：中国城市劳动力市场上的外来人口 [D]. 天津：南开大学，2012.

[179] 王海宁，陈媛媛. 城市外来人口工资差异的分位数回归分析 [J]. 世界经济文汇，2010（4）：64-77.

[180] 王敬贤. 现阶段农村劳动力流动问题研究 [D]. 武汉：华中科技大学，2011.

[181] 王林辉，董直庆. 劳动力市场需求分化和技能溢价源于技术进步吗 [J]. 经济学家，2011（8）：75-82.

[182] 王美艳. 教育回报与城乡教育资源配置 [J]. 世界经济，2009（5）：3-17.

[183] 王美艳. 城市劳动力市场上的就业机会与工资差异——外来劳动力

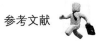

就业与报酬研究［J］.中国社会科学，2005（5）：36-46.

［184］王美艳，蔡昉."民工荒"现象的经济学分析——珠江三角洲调查研究［J］.广东社会科学，2005（2）：5-10.

［185］王美艳，都阳.中国最低工资制度的实施状况及其效果［J］.中国社会科学院研究生院学报，2008（6）：56-62.

［186］王迎新，夏先良.中国户口制度改革的理论分析［J］.城市发展研究，2002（4）：15-23.

［187］王勇.劳动力迁入对澳门经济发展影响［D］.长春：吉林大学，2010.

［188］王忠.技术进步的技能偏向性与工资结构宽化［J］.中国劳动经济学，2006（4）：64-85.

［189］韦燕生，成艾华，敖荣军.中国工业行业技能偏向型技术变化的实证检验［J］.中国人口·资源与环境，2012（5）：108-113.

［190］吴红宇.农村劳动力迁移动机与制度冲突研究［D］.广州：暨南大学，2007.

［191］吴克明，王平杰.大学毕业生与农民工工资趋同的经济学分析［J］.中国人口科学，2010（3）：67-76.

［192］武晓萍，刘爽.对大城市外来劳动力流入的思考——以北京市为例［J］.中国人口科学，1999（3）：46-52.

［193］向娟.中国城市固定资本存量估算［D］.长沙：湖南大学，2011.

［194］向娟，柯善咨.1996—2009年中国城市固定资本存量估算［J］.统计研究，2012（7）：19-24.

［195］肖利平，刘兰.技能偏向型技术进步、劳动力素质与经济增长［J］.科技进步与对策，2013（24）：32-35.

［196］谢长青，范剑勇.市场潜能、外来人口对区域工资的影响实证分析——以东西部地区差距为视角［J］.上海财经大学学报，2012（3）：67-74.

［197］熊会兵.我国农村劳动力非农就业问题研究［D］.武汉：华中农业

大学，2005.

[198] 徐林清.中国劳动力市场分割问题研究［D］.广州：暨南大学，2004.

[199] 许娜.工资差距对技术偏向选择的影响研究［D］.武汉：华中科技大学，2011.

[200] 许庆明，赵俊杰.外来务工人员工资水平影响因素研究——基于浙江省彭埠镇外来人口调查数据的实证分析［J］.经济论坛，2008（19）：78-81.

[201] 许彦.中国转型期就业问题研究［D］.成都：西南财经大学，2011.

[202] 闫佳，许志成.技能偏向型技术进步必然加剧工资不平等吗？［J］.经济评论，2011（3）：20-29.

[203] 颜鹏飞，王兵.技术效率、技术进步与生产率增长：基于 DEA 的实证分析［J］.经济研究，2004（12）：55-65.

[204] 杨本建，李永杰.中国特色的刘易斯转折点与城乡劳动力市场一体化的路径选择［J］.华南师范大学学报（社会科学版），2008（2）：24-31.

[205] 杨波.我国大城市劳动力市场分割的理论与实践［D］.上海：华东师范大学，2008.

[206] 杨云彦.中部城市就业紧缩中的行业替代研究［J］.中国人口科学，2002（6）：29-34.

[207] 杨云彦.改革开放以来中国人口"非正式迁移"的状况——基于普查资料的分析［J］.中国社会科学，1996（6）：59-73.

[208] 杨云彦，陈金永，刘塔.外来劳动力对城市本地劳动力市场的影响——"武汉调查"的基本框架与主要发现［J］.中国人口科学，2001（2）：52-58.

[209] 杨云彦，田艳平.外来人口的职业流动与就业适应——以武汉市为例的实证研究［J］.西北人口，2006（5）：21-24.

［210］杨振宇.诸城市农民工工资水平和影响因素研究［D］.青岛：中国海洋大学，2010.

［211］叶静怡，薄诗雨，刘丛，等.社会网络层次与农民工工资水平——基于身份定位模型的分析［J］.经济评论，2012（4）：31-42.

［212］叶宗裕.中国资本存量再估算:1952—2008［J］.统计与信息论坛，2010（7）：36-41.

［213］尹向飞.中国乡村劳动力转移、资本存量与全要素生产率之间格兰杰因果关系的研究［J］.西北人口，2011（4）：53-57.

［214］尹向飞.乡村劳动力转移和中国技术进步率的测算［J］.西北人口，2010（3）：8-12.

［215］袁志刚，封进，张红.城市劳动力供求与外来劳动力就业政策研究——上海的例证及启示［J］.复旦学报（社会科学版），2005（5）：202-212.

［216］张得志.中国经济高速增长过程中的劳动就业及其失业预警研究［D］.上海：复旦大学，2007.

［217］张得志，王桂新.上海外来人口生存状态与社会融合研究［J］.市场与人口分析，2006（5）：1-12.

［218］张广宇.成本视角下的中国劳动力乡城流动问题研究［D］.成都：西南财经大学，2006.

［219］张凌茹.外来劳动力对新疆的经济影响分析［D］.北京：中央民族大学，2008.

［220］张若雪.产业的转移、升级、整合与中国经济［D］.上海：复旦大学，2009.

［221］张世伟，罗胤，汪宁宁.吉林省城镇劳动力市场中的性别工资差异［J］.东北亚论坛，2007（6）：21-26.

［222］张晓强.“刘易斯转折点”与我国农业劳动力转移研究［D］.昆明：云南财经大学，2012.

［223］张兴华.农民工对城镇劳动力的替代性研究［J］.中国农村经济，

2005（4）：11-16.

［224］张展新.城市本地和农村外来劳动力的失业风险——来自上海等五城市的发现［J］.中国人口科学，2006（1）：52-59.

［225］赵伟，马瑞永，何元庆.全要素生产率变动的分解——基于Malmquist生产力指数的实证分析［J］.统计研究，2005（7）：37-42.

［226］赵夏.农村劳动力向城市流动对城市物价与工资的影响［D］.济南：山东大学，2010.

［227］朱国宏，卢元.老龄化过程中上海市劳动力供给变动趋势及其社会经济影响［J］.市场与人口分析，2001（3）：37-44.

附　录

运用式（5-10）及式（5-11）可以得到劳动力迁入对本地以及外来劳动力工资的影响

$$
\left(\frac{\Delta w_{Dbkj}}{w_{Dbkj}}\right) = \frac{1}{\sigma_{HL}} \sum_{c \in B} \sum_{q \in E} \sum_{i=1}^{8} \left(s_{Fcqi} \frac{\Delta F_{cqi}}{F_{cqi}}\right) + \left(\frac{1}{\sigma_{bb}} - \frac{1}{\sigma_{HL}}\right)\left(\frac{1}{s_b}\right)\sum_{q \in E} \sum_{i=1}^{8}\left(s_{Fcqi} \frac{\Delta F_{bqi}}{F_{bqi}}\right)
$$
$$
+ \left(\frac{1}{\sigma_{EXP}} - \frac{1}{\sigma_{bb}}\right)\left(\frac{1}{s_{bk}}\right)\sum_{i=1}^{8}\left(s_{Fbqi} \frac{\Delta F_{bqi}}{F_{bqi}}\right) + \left(\frac{1}{\sigma_{immi}} - \frac{1}{\sigma_{EXP}}\right)\left(\frac{1}{s_{bkj}}\right)\left(s_{Fbkj} \frac{\Delta F_{bkj}}{F_{bkj}}\right)
$$
$$
+ (1-\alpha)\left(\frac{\Delta k}{k}\right)_{immigration} \tag{1}
$$

式中，s_{Fbkj} 为外来劳动力所在教育 k 经历 j 中所得到的工资份额，类似的，s_{bkj} 为教育—经历组所支付工资总额。[①]

$$
\left(\frac{\Delta w_{Fbkj}}{w_{Fbkj}}\right) = \frac{1}{\sigma_{HL}} \sum_{c \in B} \sum_{q \in E} \sum_{i=1}^{8} \left(s_{Fcqi} \frac{\Delta F_{cqi}}{F_{cqi}}\right) + \left(\frac{1}{\sigma_{bb}} - \frac{1}{\sigma_{HL}}\right)\left(\frac{1}{s_b}\right)\sum_{q \in E} \sum_{i=1}^{8}\left(s_{Fcqi} \frac{\Delta F_{bqi}}{F_{bqi}}\right)
$$
$$
+ \left(\frac{1}{\sigma_{EXP}} - \frac{1}{\sigma_{bb}}\right)\left(\frac{1}{s_{bk}}\right)\sum_{i=1}^{8}\left(s_{Fbqi} \frac{\Delta F_{bqi}}{F_{bqi}}\right) + \left(\frac{1}{\sigma_{immi}} - \frac{1}{\sigma_{EXP}}\right)\left(\frac{1}{s_{bkj}}\right)\left(s_{Fbkj} \frac{\Delta F_{bkj}}{F_{bkj}}\right)
$$
$$
+ (1-\alpha)\left(\frac{\Delta k}{k}\right)_{immigration} - \frac{1}{\sigma_{immi}} \frac{\Delta F_{bkj}}{F_{bkj}} \tag{2}
$$

式中，$\frac{\Delta w_{Dbkj}}{w_{Dbkj}}$ 为，b，k，j 组因劳动力流入引起的工资变化率，ρ_{bkj} 为教育—经历 b、k、j 组劳动供给时间占该组总时间比例，平均工资 $\bar{w}$ 可以表示为 $\sum_b \sum_k \sum_j (w_{Dbkj}\rho_{bkj}) / \sum_b \sum_k \sum_j \rho_{Dbkj}$ 以及 $\sum_b \sum_k \sum_j w_{Fbkj}\rho_{Fbkj}) / \sum_b \sum_k \sum_j \rho_{bkj}$。

[①] $s_{Fbkj} = \dfrac{w_{Fbkj}F_{bkj}}{\sum\limits_{c \in B}\sum\limits_{q \in K}\sum\limits_{i=1}^{8}w_{Fcqi}F_{cqi} + w_{Dcqi}D_{cqi}}$, $s_{bkj} = \dfrac{w_{Fbkj}F_{bkj} + w_{Dbkj}D_{bkj}}{\sum\limits_{c \in B}\sum\limits_{q \in K}\sum\limits_{i=1}^{8}w_{Fcqi}F_{cqi} + w_{Dcqi}D_{cqi}}$

类似的，对外来劳动力平均工资的影响为

$$
\frac{\Delta \bar{w}_F}{\bar{w}_F}=\frac{\sum_b \sum_k \sum_j \left(\dfrac{\Delta w_{Fbkj}}{w_{Fbkj}}\dfrac{w_{Fbkj}}{\bar{w}_F}\rho_{Fbkj}\right)}{\sum_b \sum_k \sum_j \rho_{Fbkj}}=\frac{\sum_b \sum_k \sum_j \left(\dfrac{\Delta w_{Fbjk}}{w_{Fbkj}}\right)s_{Fbkj}}{\sum_b \sum_k \sum_j s_{Fbkj}} \qquad (3)
$$

最后，外来劳动力对城市工资水平总影响率为

$$
\frac{\Delta \bar{w}}{\bar{w}}=\left(\sum_b \sum_k \sum_j \frac{\Delta w_{Fbkj}}{w_{Fbkj}}\frac{w_{Fbkj}}{\bar{w}_F}\rho_{Fbkj}+\frac{\Delta w_{Dbkj}}{w_{Dbkj}}\frac{w_{Dkj}}{\bar{w}_D}\rho_{Dbk}\right)=\sum_b \sum_k \sum_j \left(\frac{\Delta w_{Fbkj}}{w_{Fbkj}}s_{Fbkj}+\frac{\Delta w_{Dbkj}}{w_{Dbkj}}s_{Dbkj}\right)
$$

$$
(4)
$$